BTS RECIPE BOOK

First published in English (Global Edition) and Japanese (Japan Edition) by Cake Corporation, Korea.
This French edition was published by LEDUC, under an official contract with Cake Corporation.

Première publication en anglais (Global Edition) et japonais (Japan Edition) par Cake Corporation, République de Corée.
Cette édition française est publiée par Leduc, sous contrat officiel avec Cake Corporation.

Leduc s'engage pour une fabrication écoresponsable !
« Des livres pour mieux vivre », c'est la devise de notre maison. Et vivre mieux, c'est vivre en impactant positivement le monde qui nous entoure ! C'est pourquoi nous avons fait le choix de l'écoresponsabilité. Un livre écoresponsable, c'est une impression respectueuse de l'environnement, un papier issu de forêts gérées durablement (papier FSC® ou PEFC), un nombre de kilomètres limité avant d'arriver dans vos mains (90 % de nos livres sont imprimés en Europe, et 40 % en France), un format optimisé pour éviter la gâche papier et un tirage ajusté pour minimiser le pilon ! Pour en savoir plus, rendez-vous sur notre site.

Traduit de l'anglais par Améline Néreaud
Titre original : *BTS RECIPE BOOK*
Auteur original : Cake Corporation
Relecture : Audrey Peuportier
Adaptation de couverture : Antartik

76, boulevard Pasteur 75015 Paris – France
ISBN : 979-10-285-2983-3

FSC
www.fsc.org
MIXTE
Papier issu de sources responsables
FSC® C014138

Cet ouvrage est composé de matériaux issus de forêts bien gérées certifiées FSC®, de matériaux recyclés et de matériaux issus d'autres sources contrôlées.

Achevé d'imprimer en septembre 2023
Par FINIDR
Dépôt légal : octobre 2023
Imprimé en République Tchèque

Global Edition

Date de publication : 12 août 2022
Éditeur : Cake Corporation (République de Corée)

Cake Corporation (Enregistrement de la publication 24 mai 2022 No.2022-000170)
9F, Pangyo TechONE Tower 1, 131, Bundangnaegok-ro, Bundang-gu, Seongnam-si, Gyeonggi-do, 13529, République de Corée

BIGHIT MUSIC | cake | LEDUC

BTS RECIPE BOOK

Introduction

« Il pleut. On mange un *pajeon* aujourd'hui ? » C'est la question que pose j-hope aux autres membres de BTS dans la saison 1 de *In the SOOP*, un jour de pluie. Si cette proposition semble totalement naturelle aux Coréens qui associent souvent temps humide et *pajeon*, cela n'est sans doute pas le cas pour les ARMY qui vivent dans le reste du monde. C'est ce constat qui est à l'origine de ce livre !

Il existe de nombreuses scènes dans lesquelles on voit les membres de BTS cuisiner ou déguster de bons petits plats. Il est possible que certaines d'entre elles ne signifient rien pour les ARMY qui ne sont pas familiers de la langue coréenne ou des traditions gastronomiques du pays. C'est pour cette raison que le *BTS Recipe Book* propose 15 plats soigneusement sélectionnés et qui, tous, ont été réalisés et consommés par les membres du groupe, tout en fournissant une explication approfondie de la signification culturelle de ce qu'ils ont dit et fait. Le livre permet aussi d'en savoir un peu plus sur les goûts en matière de nourriture de chacun des membres de BTS afin que vous puissiez les comparer aux vôtres.

Les recettes contenues dans ce livre sont basées sur des plats réellement appréciés des membres du groupe BTS ; toutefois, les unités de mesure, les ingrédients et les étapes de préparation ont été adaptés sur les conseils d'experts culinaires. En outre, afin de s'adresser à tous les ARMY – pour qui les aliments coréens ne sont peut-être pas aisément accessibles – des alternatives d'ingrédients sont proposées pour permettre à tous d'utiliser facilement ce livre. Chaque recette est accompagnée d'informations permettant de modifier les ingrédients et de réaliser, chaque fois que c'est possible, une variante végane du plat, sans gluten ou sans oléagineux. Les allergies alimentaires étant très variables d'une personne à l'autre, il revient à chaque lecteur de vérifier que la liste des ingrédients de la recette qu'il a choisie ne contient pas d'allergènes et d'écarter tout risque de contamination croisée avant de se lancer dans sa préparation. Enfin, le livre propose des QR Codes qui renvoient vers des vidéos illustrant les étapes de préparation, afin que la réalisation des recettes soit la plus facile possible.

Le plat terminé n'a pas à être parfait ! Nous espérons que vous apprécierez chaque moment passé à réaliser les recettes proposées et à imaginer les conversations et les sentiments des membres de BTS lorsqu'ils les préparaient eux-mêmes. Nous espérons aussi qu'avec ce livre, BTS et les bons petits plats coréens vous apporteront du bonheur !

"비도 오는데, 오늘 파전?"
<인더숲 1>에서 비가 내리던 어느 날, 제이홉이 멤버들에게 한 말이다. 비가 내리면 흔히 파전을 떠올리는 한국인들에게 제이홉의 제안은 너무나 익숙하다. 그런데 세계 각국의 아미들도 이 제안에 공감할 수 있을까? BTS RECIPE BOOK은 바로 이 질문에서 시작되었다.

방탄소년단은 그동안 많은 콘텐츠에서 음식을 직접 만들고, 맛있게 먹는 모습을 보여 주었다. 하지만 한국어나 한국 음식 문화가 익숙하지 않은 아미들에게는 종종 그들이 요리를 할 때 한 말과 행동이 이해하기 어려웠을 것이다. 따라서 BTS RECIPE BOOK은 방탄소년단이 여러 콘텐츠에서 만들고 먹었던 요리 중 15개를 엄선하여, 그 요리를 만들고 먹을 때 했던 말과 행동 그리고 여기에 담긴 의미를 자세하게 풀어냈다.나아가 방탄소년단의 요리 취향도 곳곳에 수록하였으니, 본인의 취향과 비교하며 읽는 재미도 있을 것이다.

BTS RECIPE BOOK은 기본적으로 방탄소년단의 레시피를 바탕으로, 재료의 정확한 분량 등 상세한 조리법은 요리 전문가의 자문을 얻어 작성했다. 또한 한국 식재료를 구하기 어려운 아미를 위해 대체 가능한 재료를 표기하여 최대한 비슷한 맛을 낼 수 있도록 하였다. 나아가 각 요리가 비건, 글루텐 프리, 견과류 프리로 조리 가능한지 확인하고, 가능한 경우 그 조리법을 함께 안내했다. 단, 알러지 반응 여부는 개인에 따라 차이가 있을 수 있으므로 조리 전 반드시 각 재료의 원료 및 교차 오염 가능성을 확인할 것을 권한다. 마지막으로, 누구나 BTS RECIPE BOOK 속 요리를 쉽게 따라 할 수 있도록, 모든 조리 과정을 영상으로 담은 QR코드도 수록했다.

완벽하지 않아도 괜찮다. 이 책을 보는 동안은 방탄소년단이 요리할 때 나누었던 대화들과 그때의 감정들을 상상하며 요리의 모든 과정을 즐길 수 있기를 바란다. 그렇게 완성된 요리로 방탄소년단과 함께하는 맛있는 하루가 되기를!

Sommaire

Hotter? Sweeter! Cooler? Butter!
Get it, let it roll <Butter>

Zero O'Clock
And you gonna be happy <00:00 (Zero O'Clock)>

Gonna give it a little more effort
Gonna be your strength <Anpanman>

Ustensiles de cuisine

Voici les ustensiles les plus utilisés pour réaliser les plats de ce livre.
Pour chaque recette, les ustensiles à réunir sont indiqués sur la page des ingrédients.

이 책에 나오는 요리에 자주 사용되는 도구들을 소개한다.
특정 요리에만 특별히 사용되는 도구는 각 요리의 재료 페이지를 참고하여 준비한다.

Cuillères mesures
계량스푼

Passoire
체

Pichet mesureur
계량컵

Cocotte
냄비

Sauteuse
프라이팬

Spatule
뒤집개

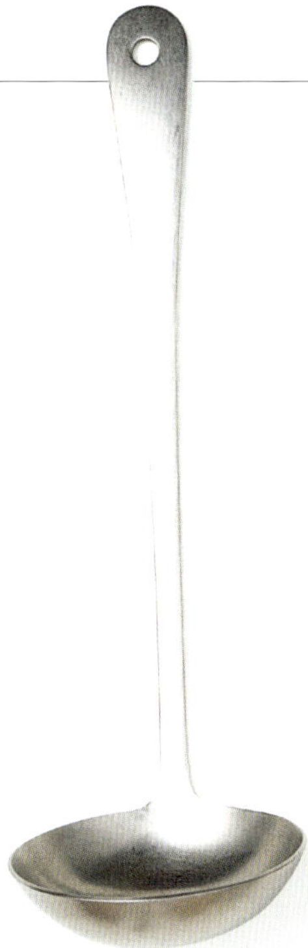

Louche
국자

Couteau
칼

Ciseaux
가위

Cuillère en bois
조리용 나무 주걱

Baguettes en bois
조리용 나무 젓가락

Papier absorbant
키친타월

Ingrédients de base

Voici quelques-uns des ingrédients les plus utilisés pour réaliser les recettes de ce livre. La plupart d'entre eux se trouvent facilement dans les épiceries coréennes, mais à défaut, consultez la page de la recette que vous désirez préparer pour savoir si vous pouvez le remplacer par un autre ou l'omettre.

이 책에 나오는 요리에 자주 사용되는 재료들을 소개한다. 대체로 한국 식료품점에서 쉽게 구할 수 있지만, 구하기 어려운 재료가 있다면 각 요리의 재료 페이지 팁을 참고하여 재료를 생략하거나 대체해도 된다.

Poireaux
대파

Oignons
양파

Carottes
당근

Cébettes
쪽파

Gousses d'ail
통마늘

Piments forts
청양고추

Anchois séchés pour bouillon
국물용 멸치

* anchois séchés de 5 à 10 cm de long, vidés et étêtés
머리와 내장을 제거해 말린 5~10cm 크기의 멸치

Kelp séché
건조 다시마

Radis coréen
무

Œufs
달걀

Farine tous usages
밀가루(중력분)

Fécule de pomme de terre
감자 전분

Riz cru
쌀

Germes de haricots mungo
숙주

Nouilles à *ramyeon*
라면 사리

두부
Tofu

Nouilles de blé fines
소면

Condiments, assaisonnements et huiles

Gochugaru
(piment en poudre)
고춧가루

Gochujang
(pâte de piment rouge)
고추장

Graines de sésame grillées
참깨

Sauce soja
간장

Sucre en poudre
설탕

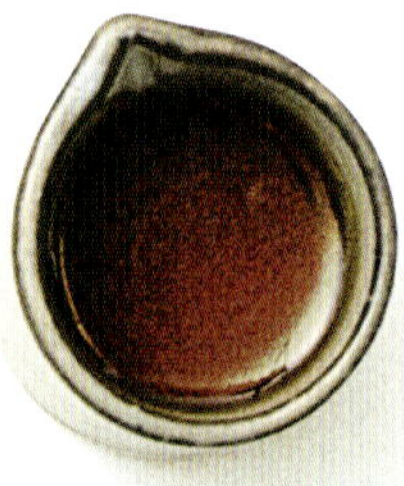

Huile de sésame grillé
참기름

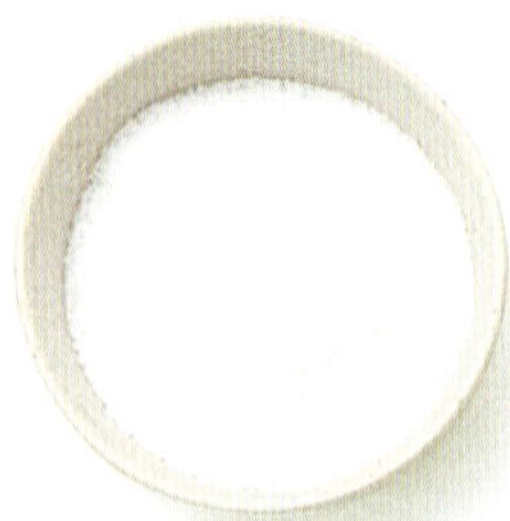

Sel
소금

Cheongju
(vin de riz raffiné)
청주

Huile de cuisson
식용유

Vinaigre
식초

Poivre noir
후추

1 cuillerée à café 작은술

5 ml

1 cuillerée à soupe 큰술

15 ml

Pour les ingrédients secs et les pâtes, les cuillerées sont rases ;
pour les ingrédients liquides, versez ceux-ci jusqu'au bord.
스푼 계량 시 가루류와 장류는 윗부분을 평평하게 깎아 담고, 액체류는 가득 담는다.

1 tasse 컵

Ingrédients liquides 액체류
1 tasse 물 1컵 = 250 ml

Le volume standard d'une tasse est de 8 onces aux États-Unis et 7 onces en Corée et au Japon. Dans ce livre, une tasse correspond à 8 onces et les mesures ont été converties en grammes et millilitres.
일반적으로 US 표준은 250ml, 한국과 일본 표준은 200ml이다.
이 책은 250ml를 기준으로 한다.

Ingrédients secs 곡류
1 tasse de riz cru 쌀 1컵 = 200 g
1 tasse de farine de froment 밀가루 1컵 = 130 g

Pour chaque recette, consultez la liste des ingrédients pour connaître la proportion exacte à utiliser.
각 요리별 재료 페이지에서
정확한 계량을 참고하여 조리한다.

Apprenez à cuire le riz et à réaliser les bouillons les plus utilisés dans les recettes de ce livre.

이 책에 나오는 요리들에 자주 사용되는 밥과 국물을 준비하는 방법을 소개한다.

Riz 밥

Ingrédients

Pour 2 personnes 2인분

- ☐ 200 g de riz cru
- ☐ 310 ml d'eau

- ☐ 쌀 1컵 (200g)
- ☐ 물 1 ¼컵

Préparation

1. Versez le riz dans un saladier, puis couvrez d'eau à fleur.

   쌀을 볼에 넣고,쌀이 잠길 정도의 물을 붓는다.

2. De la main, agitez le riz dans l'eau pour le laver. Rincez-le 2 ou 3 fois, puis égouttez-le dans une passoire.

   쌀을 주무르듯이 씻어 2~3번 헹구고, 체에 밭쳐 물기를 뺀다.

3. Transférez le riz dans une cocotte, ajoutez l'eau et portez à ébullition à feu vif, en remuant à l'aide d'une cuillère.

   냄비에 쌀과 물을 넣고, 센 불에서 주걱으로 저어 가며 끓인다.

4. Quand l'eau commence à bouillir, couvrez, baissez à feu très doux et laissez cuire 12 minutes.

   물이 끓으면 뚜껑을 덮고, 제일 약한 불에서 12분간 익힌다.

❺ Éteignez le feu et laissez reposer 10 minutes sans découvrir.

불을 끄고, 뚜껑을 닫은 채로 10분간 뜸을 들인다.

❻ Ôtez le couvercle, vérifiez que le riz est cuit, puis égrainez-le.

뚜껑을 열어 밥이 다 되었는지 확인하고, 밥을 가볍게 섞는다.

Astuces

- Pour la cuisson du riz, utilisez de préférence une cocotte à fond épais.
  밥 짓는 냄비는 가능하면 바닥이 두꺼운 것을 사용한다.
- Entre les étapes ❹ et ❺, laissez le couvercle en place pour que le riz termine de cuire grâce à la chaleur résiduelle.
  밥을 지을 때에는 냄비 속 열기로 쌀을 완전히 익히는 것이 가장 중요하므로 ❹에서 ❺로 넘어갈 때 뚜껑을 열어보지 않도록 주의한다.

Bouillon aux anchois 멸치 국물

Ingrédients

Pour 1 litre 4컵 분량

- ☐ 40 anchois séchés (40 g)
- ☐ 1 carré de 10 cm de kelp séché
- ☐ 1,25 l d'eau

- ☐ 국물용 멸치 40마리 (40g)
- ☐ 건조 다시마 10x10cm 크기 1장
- ☐ 물 5컵

Préparation

1. Ôtez les têtes et les tripes des anchois, puis mettez ces derniers dans une casserole et faites-les revenir 2 à 3 minutes à feu doux.

   국물용 멸치의 머리와 내장을 제거하고 냄비에 담아 약불에서 2~3분간 볶는다.

2. Ajoutez le kelp séché et l'eau, puis portez à ébullition. Dès que l'eau commence à bouillir, ôtez l'algue et laissez mijoter 5 minutes. Ôtez ensuite les anchois du bouillon, filtrez le liquide et conservez-le au réfrigérateur.

   냄비에 건조 다시마와 물을 넣고 끓인다. 물이 끓으면 다시마를 건지고, 5분 뒤에 멸치를 건진다. 완성된 국물은 체에 걸러 냉장 보관 한다.

Astuces

- C'est la fine poudre blanche à la surface du kelp séché qui apporte le plus d'umami, alors ne le lavez pas avant utilisation.
  건조 다시마에 묻은 흰 가루는 감칠맛의 주성분이므로 씻지 않고 그대로 넣는다.
- Sortez le kelp de la casserole dès que l'eau commence à bouillir pour l'empêcher de devenir visqueux.
  다시마는 오래 끓이면 끈적이는 성분이 나오기 때문에 물이 팔팔 끓으면 바로 건져 낸다.

Bouillon de légumes 채소 국물

Ingrédients

Pour 1 litre 4컵 분량

- ☐ 80 g de blanc de poireau, avec les racines
- ☐ 10 shiitakés séchés (30 g)
- ☐ ½ oignon (100 g)
- ☐ 100 g de radis coréen
- ☐ 1 carré de 7 cm de kelp séché
- ☐ 1,75 l d'eau

- ☐ 대파 1대 (흰 부분과 뿌리, 80g)
- ☐ 건조 표고버섯 10개 (30g)
- ☐ 양파 ½ 개 (100g)
- ☐ 무 2cm 길이 (100g)
- ☐ 건조 다시마 7 x 7cm 크기 1장
- ☐ 물 7컵

Préparation

1. Lavez les shiitakés sous l'eau courante. Placez-les dans un saladier, ajoutez l'eau, puis laissez reposer au moins 30 minutes, jusqu'à ce que les champignons soient tendres.

   흐르는 물에 표고버섯을 씻는다. 볼에 씻은 버섯과 물 7컵을 넣고 표고버섯이 부드러워질 때까지 30분 이상 불린다.

2. Transférez le contenu du saladier dans une cocotte. Ajoutez l'oignon, le radis coréen, le blanc de poireau et le kelp séché, puis portez à ébullition. Ôtez le kelp dès que l'eau commence à bouillir, puis laissez mijoter à feu doux au moins 20 minutes. Filtrez le bouillon et conservez-le au réfrigérateur.

   버섯과 버섯 불린 물을 냄비로 옮겨 담은 뒤, 양파, 무와 건조 다시마를 넣고 끓인다. 물이 끓으면 다시마를 먼저 건지고, 20분 이상 더 끓인다. 완성된 국물은 체에 걸러 냉장 보관 한다.

Astuces

- Si vous ne trouvez pas de radis coréen, réalisez simplement la recette sans lui !
  무를 구하기 어렵다면 제외해도 된다.
- Les shiitakés sont les champignons les plus adaptés, mais vous pouvez les remplacer par une autre variété si vous le désirez.
  버섯은 표고버섯을 사용하면 제일 좋고, 다른 버섯을 사용해도 된다.

Go Go

고민보다 Go

① Besoin d'un petit remontant ?

Kimchi-bokkeumbap (Riz sauté au *kimchi*) 김치볶음밥

Janchi-guksu (Soupe de nouilles) 잔치국수

Budae-jjigae (Ragoût de saucisse) 부대찌개

Kimchi-bokkeumbap
Janchi-guksu
Budae-jjigae

Kimchi-bokkeumbap

Riz sauté au *kimchi*
김치볶음밥

SANS OLÉAGINEUX
AIGRE-DOUX
RIZ
PLAT SAUTÉ

Difficulté
FACILE

Versions **végane** et
sans gluten possibles
비건, 글루텐 프리 재료로 조리 가능

Janchi-guksu

Soupe de nouilles
잔치국수

SANS OLÉAGINEUX
RICHE EN UMAMI
BOUILLI
NOUILLES

Difficulté
FACILE

Version **végane** possible
비건 재료로 조리 가능

Budae-jjigae

Ragoût de saucisse
부대찌개

SANS OLÉAGINEUX
PIMENTÉ
BOUILLI
RAGOÛT

Difficulté
MOYEN

Versions **végane et**
sans gluten possibles
비건, 글루텐 프리 재료로 조리 가능

Kimchi-bokkeumbap

김치볶음밥

Riz sauté au *kimchi*

In the SOOP 1 Ep.3

Jung Kook
Qui en reprendra ?
j-hope
Pierre, feuille, ciseaux ?
SUGA
Pas pour moi. Vous voir manger me satisfait.

정국
이거 더 먹을 사람?
제이홉
가위 바위 보?
슈가
난 괜찮아. 너희들 먹는 것만 봐도 배부르다.

Il fait beau ce jour-là et, pour le déjeuner des membres de BTS, est prévu un *kimchi-bokkeumbap* réalisé avec les restes du dîner de la veille. À mesure que le parfum des épices du *kimchi* sauté se répand dans l'air et que les grains de riz se nappent d'huile luisante, le plat finit par tirer Jimin de son sommeil et invite même RM à fermer son livre pour se ruer à table. Le *kimchi-bokkeumbap* était si savoureux qu'ils se fichaient bien de devoir le déguster accroupis ! Découvrons ce mets dont les membres de BTS ne laissent jamais une miette au fond du plat !

어느 햇살 좋은 점심시간, 방탄소년단 멤버들은 전날 저녁을 만들고 남은 재료로 김치볶음밥을 만들어 먹었다. 잘 볶은 김치의 매콤한 향기가 코를 찌르고, 기름을 머금은 밥알이 눈부시게 반짝이는 이 김치볶음밥은 아직 단잠을 자고 있던 지민을 깨우고 책에 푹 빠져 있던 RM마저 책을 덮고 밥 앞으로 달려오게 만들었다. 야외에서 쭈그려 앉아 먹어도 상관없을 정도로 맛있었던 김치볶음밥. 멤버들이 프라이팬의 바닥까지 싹싹 긁어 먹게 만든 이 음식에 대해 알아보자.

Le *kimchi-bokkeumbap* est composé de riz cuit et sauté dans l'huile, accompagné de *kimchi* et de divers légumes finement hachés. Ce serait une erreur de considérer le *kimchi* comme un simple accompagnement du riz, car il peut être associé à de nombreux autres aliments pour obtenir des goûts variés ; le *kimchi-bokkeumbap* en est l'exemple parfait, puisqu'en fonction des ingrédients que l'on ajoute au riz et au *kimchi*, on obtient un plat aux saveurs totalement différentes. Si dans la saison 1 de la série *In the SOOP*, les membres de BTS réalisent un *kimchi-bokkeumbap* avec des oignons et de la ventrèche, vous pouvez tout à fait remplacer le porc par du thon, des champignons, du bacon, de la saucisse ou tout autre ingrédient qui a votre préférence pour réaliser un plat unique qui vous correspond.

김치볶음밥은 쌀밥에 김치나 야채 등을 잘게 썰어 넣고 기름에 볶아 만든 밥이다. 김치를 그저 밥에 곁들여 먹는 음식으로만 생각했다면 큰 오산이다. 김치는 다양한 재료들과 함께 무궁무진한 변신이 가능하기 때문! 김치볶음밥이 바로 그 대표적인 예이다. 김치볶음밥은 김치와 밥 외에도 다양한 재료를 넣어 만들 수 있다. 방탄소년단은 <인더숲 1> 에서 양파와 삼겹살을 넣어 '삼겹살 김치볶음밥'을 만들었지만, 삼겹살 대신 참치, 버섯, 베이컨, 소시지 등 좋아하는 재료를 아낌없이 넣어도 좋다. 무엇을 추가하든 나만의 취향을 고스란히 담은 특별한 김치볶음밥이 될 것이다.

In the SOOP 1 Ep.3

Quand le *kimchi-bokkeumbap* est presque cuit, Jin le parsème soudain de mozzarella. Du fromage sur le *kimchi-bokkeumbap* ? On peut être sceptique quant au bien-fondé de cette combinaison, mais faites confiance à BTS ! La mozzarella est un fromage particulièrement apprécié avec ce plat, car sa richesse confère de la rondeur aux saveurs relevées. Autre ajout fréquent : l'œuf au plat ! On peut le cuire de manière à ce que le jaune soit coulant et mélanger celui-ci aux autres ingrédients, comme une sauce, ou obtenir un jaune dur et l'écraser en petits morceaux à mesure que l'on déguste le plat. On peut aussi battre un œuf en omelette à part, puis le verser tout autour du riz, comme l'a fait Jin sur la photo ci-dessus. Vous hésitez entre œuf ou fromage pour accompagner le *kimchi-bokkeumbap* ? Rendez-vous page 40 pour découvrir les préférences de chaque membre de BTS en la matière !

김치볶음밥이 먹음직스럽게 완성된 듯 했을 때 진이 갑자기 그 위에 무언가를 솔솔 뿌렸다. 바로 모차렐라 치즈다. 김치볶음밥에 치즈라고? 둘의 만남이 의심스러울 수도 있겠지만, 방탄소년단의 선택을 믿어 보시길! 모차렐라 치즈는 김치의 매콤한 맛을 고소하게 감싸 주어 김치볶음밥 토핑으로 특히 인기 있다. 또 하나의 인기 토핑은 바로 달걀 프라이다. 달걀 프라이를 곁들일 때에는 노른자를 반만 익혀 소스처럼 비벼 먹는 방법도 있고, 단단하게 익혀 으깨어 먹는 방법도 있다. 그리고 진처럼 밥 주변에 둘러 밥과 함께 익힐 수도 있다.달걀과 치즈 중 무엇을 택해야 할지 고민된다면 방탄소년단의 취향을 참고해 보자.

Les accompagnements que préfèrent les membres de BTS pour le *kimchi-bokkeumbap*

방탄소년단의 김치볶음밥 최애 토핑은?

→ pages 40-41

In the SOOP 1 Ep.8

Vous avez remarqué que le récipient utilisé par les membres de BTS pour cuire le *kimchi-bokkeumbap* est bien plus gros et plat que ceux que l'on trouve habituellement dans une cuisine ? En effet, il s'agit du couvercle d'un *gamasot*, une grosse marmite en fonte qui, dans les maisons coréennes, servait jadis à cuire le riz ou les plats à base de bouillon. Le couvercle du *gamasot* étant large et légèrement incurvé, on l'utilise aussi souvent en guise de sauteuse. Si vous ne mélangez pas le *kimchi-bokkeumbap* quand il est prêt et que vous le laissez encore quelques minutes sur feu doux, le riz attachera au fond du récipient et donnera un peu de croquant au plat, comme des pâtes *al dente*, et une saveur de noisette caramélisée. Si vous ne trouvez pas de couvercle à *gamasot*, ce n'est pas grave ! Cuisez le *kimchi-bokkeumbap* dans une sauteuse en fonte et vous obtiendrez cette couche de riz croquant.

멤버들이 김치볶음밥을 요리한 프라이팬이 보통 주방에서 쓰는 것에 비해 유독 크고 넓다는 것을 눈치챘는가? 사실 방탄소년단이 사용한 것은 프라이팬이 아니라 '가마솥' 뚜껑이다. 가마솥은 한국의 전통 가옥에서 밥 또는 국물 요리를 만들 때 사용하던 거대한 무쇠 냄비이다. 가마솥의 뚜껑은 널찍하고 적당히 오목하여 볶음 요리를 할 때 프라이팬처럼 사용되기도 한다. 가마솥 뚜껑에 밥을 볶은 후 뒤적이지 않고 약불에 두고 잠시 기다리면 바닥 쪽의 밥알이 고슬고슬하게 눌어붙어 별미가 된다. 눌어붙은 밥알은 알덴테(al dente)로 익힌 파스타처럼 씹는 재미도 있고, 고소한 맛도 일품이다. 가마솥 뚜껑이 없다고 해서 아쉬워하지는 말자. 무쇠 프라이팬을 사용하면 가마솥 뚜껑 없이도 밥알이 맛있게 눌어붙은 김치볶음밥을 만들 수 있다.

Faites sauter des ingrédients finement hachés avec un peu de riz… et voilà ! Le *kimchi-bokkeumbap* est idéal quand on veut se remonter le moral avec un plat savoureux, mais que l'on n'a pas envie de se lancer dans une préparation compliquée. Une assiette rassemblant un grand nombre de ses ingrédients préférés ne peut être que délicieuse !

잘게 썬 재료와 밥을 함께 볶기만 하면 완성된다니! 맛있는 음식으로 기분을 내고 싶은데 손이 많이 가는 요리를 할 자신은 없는 날, 김치볶음밥을 만들어 보자. 좋아하는 재료를 듬뿍 넣고 만든 김치볶음밥은 멋진 한 끼 식사로 충분할 것이다.

Recette

Pour 2 personnes
2인분

Recette en vidéo

Ingrédients

- ☐ 300 g de *kimchi*
- ☐ 50 g d'oignon
- ☐ 45 g de poireau
- ☐ 100 g de thon en conserve
- ☐ 3 cuil. à soupe de jus de *kimchi*
- ☐ 2 cuil. à soupe d'huile de cuisson
- ☐ ½ cuil. à soupe d'huile de sésame grillé
- ☐ 60 g de mozzarella

- ☐ 김치 1컵 (300g)
- ☐ 양파 ¼개 (50g)
- ☐ 대파 15cm (45g)
- ☐ 캔참치 100g
- ☐ 김치 국물 3큰술
- ☐ 식용유 2큰술
- ☐ 참기름 ½큰술
- ☐ 모차렐라 치즈 60g

Pour le riz

- ☐ 200 g de riz
- ☐ 310 ml d'eau

밥

- ☐ 쌀 1컵 (200g)
- ☐ 물 1¼컵

Astuces

- Ce plat sera encore meilleur si vous utilisez du *kimchi* bien fermenté. S'il est trop acide, ajoutez ⅛ de cuillerée à café de sucre pour équilibrer le goût.
  잘 익은 김치를 사용하면 더 맛있다. 김치가 너무 시다면 설탕을 ⅛작은술 넣어 신맛을 잡을 수 있다.
- Le jus du *kimchi* accentue la saveur du *kimchi* et permet d'assaisonner le plat tout entier.
  김치 국물은 김치의 맛을 진하게 해 주고, 간을 맞추는 역할도 한다.
- En général, les Coréens utilisent du riz rond et gluant, mais toutes les variétés conviennent, notamment le riz thaï ou basmati.
  쌀은 어느 종류를 사용해도 괜찮다. 한국에서는 주로 찰기 있는 쌀을 사용하지만, 찰기가 없는 재스민 쌀이나 바스마티 쌀도 잘 어울린다.

Version végane 비건

- Omettez le thon et la mozzarella. 참치와 모차렐라 치즈 제외
- Utilisez du *kimchi* végan. 비건 김치 사용

Version sans gluten 글루텐 프리

- Utilisez du *kimchi* sans gluten. 글루텐 프리 김치 사용

Préparation

1

Cuisez le riz.

밥을 준비한다.

→ pages 18~19

2

Hachez finement le *kimchi*, l'oignon et le poireau. Égouttez le thon en conserve dans une passoire, en appuyant délicatement dessus avec le dos d'une cuillère.

김치와 양파, 대파를 잘게 썬다. 캔참치는 체에 밭치고 숟가락으로 가볍게 눌러 기름기를 뺀다.

3

Chauffez une poêle, puis versez l'huile de cuisson et ajoutez les ⅔ du poireau haché. Faites dorer légèrement celui-ci à feu moyen-doux, puis ajoutez le *kimchi*, l'oignon et le thon. Poursuivez la cuisson.

팬을 달구고 식용유를 두른 뒤, 썰어 둔 대파의 ⅔를 넣는다. 중약불에서 대파가 연갈색이 될 때까지 볶다가 김치와 양파, 참치를 넣고 함께 볶는다.

Astuce

Si les ingrédients ne se mélangent pas bien dans la poêle, ajoutez un peu d'huile de cuisson.
볶을 때 재료들이 잘 섞이지 않는다면 식용유를 추가한다.

4

Ajoutez le riz et le jus du *kimchi*, et poursuivez la cuisson jusqu'à totale évaporation du liquide.

팬에 밥과 김치 국물을 넣고 함께 볶는다. 충분히 볶아 수분을 날린다.

5

Dès que tous les ingrédients sont mélangés et que le riz est sauté, versez l'huile de sésame grillé, puis mélangez de nouveau. Baissez à feu doux, parsemez la surface du plat de mozzarella et couvrez.

재료들이 고루 섞이고 밥이 잘 볶아지면 참기름을 넣은 다음 다시 한 번 섞는다. 약불로 줄인 후 모차렐라 치즈를 골고루 뿌리고 뚜껑을 덮는다.

Astuce

L'arôme de noisette caractéristique de l'huile de sésame grillé peut se dissiper si vous l'ajoutez trop tôt au plat. Attendez le dernier moment !

참기름을 일찍 넣으면 참기름 특유의 고소한 향이 다 날아가 버릴 수 있으니, 반드시 마지막 단계에서 넣는다.

6

Laissez cuire à feu doux 3 à 4 minutes, le temps que le fromage fonde. Dès qu'il est fondu, parsemez le plat du poireau haché restant.

약불에서 치즈가 녹을 때까지 3~4분간 기다린다. 치즈가 다 녹으면 썰어 둔 대파를 뿌려 장식한다.

Astuce

Le plat restera chaud plus longtemps si vous apportez la poêle directement sur la table et servez de petites portions.

팬째로 식탁에 올려 조금씩 덜어 먹으면 따뜻함이 더 오래 유지된다.

Que disent les Coréens avant un repas ?

Avez-vous une formulation que vous aimez répéter avant de manger ? Voici ce que les Coréens ont l'habitude de dire : « 잘 먹겠습니다 » (*Jal meok-ge-sseum-ni-da*). Littéralement, cela signifie « Je vais bien manger », mais le message réel va bien au-delà : il s'agit d'une expression idiomatique qui permet au convive d'exprimer sa gratitude et sa reconnaissance à l'égard de la personne qui a préparé ou fourni le repas et de la nourriture elle-même. À vous de prononcer 잘 먹겠습니다 avant chaque repas, maintenant !

Le choix de BTS

Avec quoi aimes-tu accompagner le *kimchi-bokkeumbap* ?
김치볶음밥 최애 토핑은?

Du fromage
치즈

RM

Jin

Jung Kook

Résultats basés sur les véritables réponses données par les membres de BTS.
방탄소년단의 실제 응답을 정리한 내용입니다.

Un œuf au plat

달걀 프라이

SUGA

j-hope

Jimin

V

Janchi-guksu

잔치국수

Soupe de nouilles

In the SOOP 2 Ep.5

Jung Kook
Quelle quantité de nouilles doit-on mettre par personne ?
Jin
Un paquet d'un diamètre d'une pièce de 500 wons.

정국
국수 1인분 양이 어느 정도더라?
진
500원.

La pièce de 500 wons coréens sert de référence.
Pour mesurer une portion de nouilles de blé fines et sèches, formez un rond avec le pouce et l'index de la taille d'une pièce de 500 wons coréens – 26,5 mm, soit un tout petit peu plus qu'une pièce de 2 euros !

500원 동전 크기 참고
소면을 손으로 쥐었을 때 바닥 면적이 500원 동전 정도의 크기가 되면 1인분이 돼요.

Un matin dans la saison 2 de *In the SOOP*, Jin arpente la cuisine en se frottant les yeux comme il en a l'habitude, réfléchissant à ce qu'il va manger. Il se décide finalement pour un *janchi-guksu*. Jin aime la texture croquante que le *kimchi* ajoute au plat, tandis que V le préfère plus doux, sans piments. Si chacun aime lui donner sa touche personnelle, le *janchi-guksu* arrache à tous un « Mmmmmm ! » de plaisir. Le plus jeune membre de BTS, Jung Kook, a l'air adorable avec ses cheveux ébouriffés alors qu'il avale ses nouilles avec tant de force qu'on dirait qu'il veut aussi aspirer le bol ! Mais qu'est-ce que le *janchi-guksu* et comment, avec quelques ingrédients seulement, parvient-il à charmer le palais de tous ceux qui y goûtent ?

졸린 눈을 비비고 일어난 <인더숲 2> 에서의 아침. 진은 여느 때처럼 주방을 서성이며 무엇을 먹을지 고민하다가 잔치국수를 만들기로 했다. 잔치국수를 먹을 때 진은 김치를 곁들인 아삭한 식감을, 뷔는 고추 없는 순한 맛을 선호했다. 먹는 방식은 제각각이었지만, 잔치국수는 누구나 "음~"하고 감탄하게 만들었다. 부스스한 머리를 하고서 그릇 속으로 빨려 들어갈 것 같은 기세로 국수를 먹는 막내 정국의 모습도 사랑스럽다. 몇 안 되는 재료로 모두의 입맛을 사로잡은 잔치국수는 과연 어떤 음식일까?

In the SOOP 2 Ep.5

Pour assembler le *janchi-guksu*, il faut d'abord déposer soigneusement une portion de nouilles cuites dans chaque bol, puis les arroser de bouillon délicatement parfumé et garnir le tout de légumes sautés. Le *janchi-guksu* est l'association de *janchi*, qui signifie « fête » et de *guksu*, « nouilles ». S'agit-il alors d'un plat de nouilles que l'on mange lors des fêtes ? En partie oui, car il était toujours servi lors des fêtes de village comme les noces et les anniversaires. Traditionnellement, il sert à souhaiter une longue vie, symbolisée par la longueur des nouilles. Toutefois, lorsque la farine de froment se fit rare, les nouilles de blé devinrent un mets de luxe réservé aux invités de marque.

Encore aujourd'hui, le *janchi-guksu* est souvent dégusté lors des repas de mariage en Corée. Ainsi, au lieu de demander « Quand te maries-tu ? », les Coréens ont parfois recours à la formulation « Quand me serviras-tu des nouilles ? », plus subtile. Pour autant, la date des noces pouvant être un sujet sensible, il vaut mieux le considérer comme un détail de la culture coréenne et ne pas trop insister sur le sujet !

그릇에 삶은 면을 1인분씩 정갈하게 담은 뒤, 삼삼한 국물과 볶은 채소를 올려 만드는 잔치국수. 잔치국수는 '잔치'와 '국수'가 합쳐진 단어로, 과거에는 결혼식, 생일잔치 같은 마을 잔치에서 빠지지 않는 음식이 바로 잔치국수였다. 긴 국수 면발처럼 오래도록 잘 살라는 의미를 담은 것이다. 밀가루가 귀했던 시절, 밀가루가 주재료인 국수는 귀한 손님을 대접할 때 내놓는 고급 음식이었다. 요즘에도 한국의 결혼식에서는 잔치국수가 곧잘 등장한다. 그래서 "언제 결혼하니?"라는 말을 "언제 국수 먹게 해줄 거니?"라고 돌려 표현하기도 한다. 하지만 결혼 시기에 대한 질문은 실례라고 생각될 수 있으니, 이 질문은 참고로만 기억해두자.

In the SOOP 2 Ep.5

In the SOOP 2 Ep.5

In the SOOP 2 Ep.5

Avant de vous lancer dans la réalisation du *janchi-guksu*, voici deux astuces sur sa préparation, mentionnées dans *EAT JIN**. Tout d'abord, jetez une nouille sur le plan de travail pour vérifier sa cuisson : si elle reste collée, c'est bon ! C'est un bon moyen de vérifier que les nouilles sont cuites sans en manger trop.

본격적으로 잔치국수를 만들기 전, 잇진(EAT JIN)*의 잔치국수 만들기 팁 두 가지를 함께 알아보고 넘어가자. 첫 번째, 면이 잘 익었는지 알고 싶다면 던져 볼 것! 삶은 소면 한 가닥을 평평한 면에 던졌을 때 소면이 찰싹 달라붙으면 잘 익은 것이다. 이렇게 하면 먹어 보지 않고도 면이 익은 정도를 확인할 수 있다.

*** 잇진 EAT JIN**

Fait référence à des vidéos dans lesquelles Jin déguste de bons petits plats (먹방, *mukbang*) et diffusées sur les chaînes vidéo de BTS. Quand le groupe n'en était qu'à ses débuts, Jin avait même partagé des publications détaillées sur ses sessions de cuisine, sur le blog du groupe.

진이 방탄소년단 영상 채널을 통해 맛있는 음식을 먹는 모습(먹방)을 공유하는 콘텐츠 이름이다. 데뷔 초에는 진이 방탄소년단 블로그에 요리하는 모습과 과정을 직접 공유하기도 했다.

Seconde astuce : veillez à avoir un saladier d'eau froide sous la main. Ce qui fait la réussite du *janchi-guksu*, c'est le bouillon chaud associé à la texture moelleuse des nouilles, et l'eau froide peut contribuer de deux manières à obtenir un résultat parfait. La première concerne l'étape de cuisson des nouilles : lorsque l'eau commence à bouillir, ajoutez un peu d'eau froide pour baisser légèrement la température. La seconde est à appliquer après cuisson : dès que les nouilles sont cuites, sortez-les de l'eau bouillante, plongez-les dans l'eau froide et rincez abondamment pour éliminer toute trace d'amidon. Cuire les nouilles de cette façon vous permettra d'obtenir la texture recherchée. Respectez soigneusement ces deux astuces confiées par Jin, et votre plat sera délicieux !

두 번째, 찬물을 준비할 것! 잔치국수는 뜨거운 국물과 쫄깃한 면발이 생명이다. 국수를 쫄깃하게 만들기 위해서는 찬물의 도움이 두 차례 필요하다. 첫 번째는 국수를 삶을 때다. 물이 부글부글 끓어오르면 찬물을 조금씩 넣어 열기를 잠재운다. 그리고 두 번째는 국수가 익었을 때다. 면이 잘 익으면 재빨리 뜨거운 물에서 건져 찬물에 담가, 국수에 남은 전분기를 찬물로 꼼꼼히 헹군다. 이렇게 두 차례 찬물의 도움을 받은 국수는 쫄깃한 식감을 자랑한다. 진이 짚어 준 이 포인트들만 잘 기억한다면 탱글탱글하게 잘 익은 면을 맛볼수있을것이다.

Quand on veut offrir un repas bien nourrissant à ses invités, mais que l'on craint de se lancer dans de nombreuses préparations, le *janchi-guksu* est un bon choix. Très colorées, les garnitures de légumes sont plaisantes à l'œil et un grand bol de nouilles au bouillon est toujours rassasiant !

푸짐한 음식으로 손님을 대접하고 싶은데, 많은 양의 요리를 하기에는 부담된다면 잔치국수를 추천한다. 알록달록한 채소 고명으로 눈이 즐거워지는 것은 물론이고, 국물과 면을 넉넉히 담아낸다면 한 그릇만으로도 근사한 손님 대접용 요리가 되어 줄 것이다.

In the SOOP 2 Ep.5

Recette

Pour 2 personnes
2인분

Recette en vidéo

Ingrédients

- ☐ 5 cm de poireau (10 g)
- ☐ 5 cm de courgette (80 g)
- ☐ ¼ d'oignon (50 g)
- ☐ ¼ de carotte (30 g)
- ☐ 80 g de *kimchi*
- ☐ 200 g de nouilles de blé fines
- ☐ 1 cuil. à soupe d'huile de cuisson
- ☐ ½ à 1 cuil. à café de sel
- ☐ poivre noir au goût

- ☐ 대파 5cm 길이 (10g)
- ☐ 주키니 5cm 길이 (80g)
- ☐ 양파 ¼개 (50g)
- ☐ 당근 ¼개 (30g)
- ☐ 김치 ¼컵 (80g)
- ☐ 소면 200g
- ☐ 식용유 1큰술
- ☐ 소금 ½ ~1작은술
- ☐ 후추 적당량

Pour le bouillon aux anchois

- ☐ 40 g d'anchois séchés pour bouillon
- ☐ 1 carré de 10 cm de kelp séché
- ☐ 2 cuil. à soupe de sauce soja
- ☐ 1,25 l d'eau

멸치 국물

- ☐ 국물용 멸치 40마리 (40g)
- ☐ 건조 다시마 10x10cm 크기 1장
- ☐ 간장 2큰술
- ☐ 물 5컵

Pour la sauce soja pimentée

- ☐ 8 cm de poireau (15 g)
- ☐ 2 cuil. à soupe de sauce soja
- ☐ 2 cuil. à café d'huile de sésame grillé
- ☐ 1 cuil. à café de sésame grillé
- ☐ ½ cuil. à café de *gochugaru*
- ☐ ½ cuil. à café d'ail haché

양념간장

- ☐ 대파 8cm 길이 (15g)
- ☐ 간장 2큰술
- ☐ 참기름 2작은술
- ☐ 참깨 1작은술
- ☐ 고춧가루 ½작은술
- ☐ 다진 마늘 ½작은술

Astuces

- Si vous ne trouvez pas certains légumes, omettez-les simplement.
  채소 중 일부가 없으면 제외해도 된다.
- N'hésitez pas à ajouter des champignons ! Ne les faites pas sauter, mais plongez-les dans le bouillon quand vous portez celui-ci à ébullition.
  버섯류를 추가해도 잘 어울린다. 버섯은 따로 볶지 않고 국물을 끓일 때 함께 넣는다.
- Si vous trouvez de la courgette coréenne, utilisez-la en remplacement de la courgette classique.
  주키니 대신 애호박이 있다면 애호박을 사용해도 된다.

Version végane 비건

- Utilisez du *kimchi* végan. 비건 김치 사용
- Remplacez le bouillon aux anchois par du bouillon de légumes. 멸치 국물 대신 채소 국물 사용 → page 21

Préparation

1

Réalisez le bouillon.

국물을 준비한다.

→ pages 20~21

Assaisonnez le bouillon avec la sauce soja et ½ cuillerée à café de sel.

국물에 간장 2큰술과 소금 ½작은술을 넣어 간을 맞춘다.

Astuce

De la sauce soja pimentée sera ajoutée au plat en cours de dégustation ; c'est pour cela qu'à ce stade, l'assaisonnement doit rester léger.

먹을 때 양념간장을 곁들이기 때문에 간을 완벽하게 맞추지 않아도 된다.

2

Hachez grossièrement le poireau pour la sauce soja pimentée. Mettez-le dans un bol, ajoutez tous les ingrédients restants de la sauce et mélangez bien.

양념간장에 들어갈 대파를 큼직하게 다진다. 볼에 양념 간장 재료를 모두 넣고 고루 섞는다.

3

Taillez la courgette, l'oignon et la carotte en julienne. Hachez finement le *kimchi* et émincez finement le poireau.

주키니, 양파, 당근을 채 썬다. 김치는 잘게 썰고, 대파는 얇게 썬다.

4

Versez l'huile de cuisson dans une cocotte chaude et agitez celle-ci pour répartir l'huile sur tout le fond. Faites sauter la courgette, l'oignon et la carotte. Quand les légumes deviennent translucides, ajoutez le bouillon préparé à l'étape ❶ et portez à ébullition. Salez et poivrez au goût, puis laissez mijoter 3 à 4 minutes à feu doux.

달군 냄비에 식용유를 두르고 주키니, 양파, 당근을 넣고 볶는다. 채소가 투명하게 익으면 ❶에서 만든 국물을 부어 한 번 팔팔 끓인다. 소금, 후추를 넣고 간한 뒤 약불에서 3~4분간 더 끓인다.

5

Versez de l'eau dans une autre cocotte et portez à ébullition. Quand l'eau bout, plongez-y les nouilles et cuisez-les à feu moyen, en remuant à l'aide de baguettes. Quand l'eau bout de nouveau, ajoutez 85 ml d'eau froide et poursuivez la cuisson, en répétant cette étape dès que l'eau bout de nouveau. Laissez mijoter 3 à 3 minutes 30 à feu moyen, jusqu'à ce que les nouilles soient cuites.

다른 냄비를 꺼내어 물을 넣고 끓인다. 물이 팔팔 끓으면 소면을 넣고 중불에서 젓가락으로 저어 가며 익힌다. 물이 끓어오르면 찬물 ⅓ 컵을 붓고 끓이다가, 다시 끓어오르면 한 번 더 찬물을 넣는다. 소면이 익을 때까지 중불에서 3분~3분 30초간 더 끓인다.

6

Quand les nouilles sont cuites, sortez-les de l'eau et rincez-les sous l'eau froide plusieurs fois, puis égouttez-les dans une passoire. Répartissez les nouilles dans des bols de service.

소면이 잘 익으면 건져서 찬물에 여러 번 헹구고, 체에 올려 물기를 뺀다. 물기가 빠진 소면을 그릇에 담는다.

7

Versez le contenu de la cocotte de l'étape ❹, puis garnissez de *kimchi* haché et de poireau émincé. Assaisonnez de sauce soja pimentée au goût.

그릇에 따뜻하게 끓인 ❹ 의 국물을 붓고, 다진 김치와 얇게 썬 대파를 얹는다. 마지막으로 양념간장을 넣어 간을 맞춘다.

Comment aimes-tu ton *janchi-guksu* ?
잔치국수를 먹을 때,

Nature, le plus simple possible !

기본이 최고! 간단하게 먹어요

SUGA

j-hope

V

Jung Kook

Complètement personnalisé, avec plein de garnitures !

고명을 잔뜩 올려 풍성하게 먹어요

RM Jin Jimin

Budae-jjigae

Ragoût de saucisse 부대찌개

In the SOOP 1 Ep.2

Jimin
Vous vous souvenez de notre première colocation, quand on s'entraînait avant le lancement du groupe ? C'est moi qui étais en charge de la cuisson du riz.
Jin
C'est vrai, on s'était réparti les tâches de cette manière.
V
Moi, j'étais responsable de la lessive.

지민
우리 첫 번째 숙소에 살 때 밥 담당 나였는데.
진
맞다. 그때 그런 담당도 정했었지?
뷔
내기 빨래 담당.

Le premier dîner diffusé dans la saison 1 de *In the SOOP* fait suite à cette phrase : « Faisons des repas simples aujourd'hui. » Ce jour-là, les cuisiniers sont Jin, Jung Kook et SUGA. Alors que Jin et Jung Kook cuisinent d'autres plats, SUGA, lui, s'attelle à la réalisation d'un *budae-jjigae*. Avant même que celui-ci ne soit prêt, Jung Kook manifeste son excitation en disant : « Le *budae-jjigae*, c'est de l'amour ! » Une fois le ragoût cuit, les membres de BTS le dévorent tout en bavardant joyeusement. Voyons maintenant ce qu'est le *budae-jjigae*, ce plat dont les portions gigantesques ont rempli les estomacs des sept membres de BTS et qui les a amenés à évoquer leurs souvenirs des débuts du groupe !

"오늘은 간단히만 먹자."라는 말과 함께 <인더숲 1>에서 맞이한 첫 저녁 시간. 이날의 요리사는 진, 정국 그리고 슈가였다. 진과 정국이 다른 요리를 준비하는 동안 슈가는 부대찌개를 만들었다. 정국은 부대찌개가 완성되기 전부터 "부대찌개는 사랑이지."라고 말하며 기대감을 드러냈고, 부대찌개가 완성되자 멤버들은 부대찌개를 나눠 먹으며 이야기꽃을 피웠다. 어마어마한 양으로 멤버 7명의 배를 두둑이 채워 주고, 들어도 들어도 재미있는 방탄소년단의 연습생 시절 추억 이야기도 꺼내 준 부대찌개에 대해 알아보자.

Le *budae-jjigae* est un plat coréen composé d'un bouillon pimenté et de viande en conserve, de saucisses et de légumes. Dans la saison 1 de *In the SOOP*, SUGA réalise un *budae-jjigae* gigantesque, à tel point que lui-même s'en alarme et affirme qu'ils vont en manger pendant trois jours de suite ! En réalité, plus le plat rassemble d'ingrédients différents, plus il est parfumé et délicieux. C'est donc l'un des plats que les Coréens cuisinent souvent en quantité afin de le partager avec de nombreux convives. Naturellement, la version de SUGA de ce jour-là, avec tous ces ingrédients, doit avoir été particulièrement savoureuse – et le fait que les membres de BTS aient presque tout dévoré en un seul repas doit rester un secret bien gardé par les ARMY !

부대찌개는 햄, 소시지와 채소를 넣고 매콤하게 끓인 한국식 국물 요리다. <인더숲 1>에서 슈가는 재료를 듬뿍 넣어 엄청난 양의 부대찌개를 만들었다. 부대찌개의 양이 어찌나 많은지 슈가 본인도 3일은 먹을 수 있을 것 같다며 놀랐다. 하지만, 부대찌개는 원래 다양한 재료를 넣어 만들수록 풍미가 생기고 맛이 좋아진다. 그렇기 때문에 한국에서는 한 번에 넉넉하게 만들어 여럿이 나눠 먹는 음식 중 하나다. 그러니 슈가가 재료를 아낌없이 넣어 만든 이날의 부대찌개는 더욱 맛있었을 것이다. (방탄소년단이 이 많은 부대찌개를 한 끼에 거의 다 먹었다는 사실은 아미끼리만 알기로 하자!)

In the SOOP 1 Ep.2

In the SOOP 1 Ep.2

En attendant le jour où BTS et les ARMY partageront une marmite de *budae-jjigae*, cuisinez-en un vous-même en suivant la recette à la page suivante...

언젠가 방탄소년단과 아미가 함께 나눠 먹을 날을 꿈꾸며, 부대찌개의 레시피를 차근차근 따라 해 보자.

Recette

Pour 2 ou 3 personnes
2~3인분

Recette en vidéo

Ingrédients

- ☐ 150 g de *kimchi*
- ☐ 2 saucisses de Francfort (120 g)
- ☐ 200 g de viande en conserve
- ☐ ½ oignon (100 g)
- ☐ 150 g de tofu
- ☐ ½ poireau (40 g)
- ☐ 100 g de germes de haricots mungo
- ☐ ½ paquet de nouilles à *ramyeon* crues
- ☐ 2 cuil. à soupe de haricots blancs cuits
- ☐ 625 ml d'eau

- ☐ 김치 ½컵 (150g)
- ☐ 소시지 2개 (120g)
- ☐ 캔햄 200g
- ☐ 양파 ½개 (100g)
- ☐ 두부 150g
- ☐ 대파 ½대 (40g)
- ☐ 숙주 100g
- ☐ 라면사리 ½개
- ☐ 베이크드 빈스 2큰술
- ☐ 물 2½컵

Pour l'assaisonnement

- ☐ 2 cuil. à soupe de *cheongju*
- ☐ 1 ½ cuil. à soupe de *gochugaru*
- ☐ 2 cuil. à café de sauce soja
- ☐ 2 cuil. à café de *gochujang*
- ☐ 2 cuil. à café d'ail haché
- ☐ ½ cuil. à café de sel
- ☐ 1 pincée de poivre noir

양념

- ☐ 청주 2큰술
- ☐ 고춧가루 1½큰술
- ☐ 간장 2작은술
- ☐ 고추장 2작은술
- ☐ 다진 마늘 2작은술
- ☐ 소금 ½작은술
- ☐ 후추 약간

Astuces

- Certains légumes tels que la patate douce, le poivron et le brocoli, ainsi que certaines charcuteries comme le prosciutto et le salami, ne conviennent pas pour ce plat. Évitez les ingrédients aux arômes forts et marqués, notamment certaines herbes aromatiques.
  고구마, 파프리카, 브로콜리 등의 채소류나 프로슈토, 살라미 등의 육가공류는 잘 어울리지 않는다. 특유의 허브향이 강한 재료는 피한다.
- Si vous le souhaitez, remplacez les nouilles à *ramyeon* par des vermicelles de riz préalablement trempés dans l'eau, ce sera tout aussi délicieux !
  라면 사리 대신 불린 당면을 넣어도 맛있다.
- Remplacez le *cheongju* par du vin blanc.
  청주 대신 화이트 와인을 넣어도 된다.

Version végane 비건

- Utilisez de la viande en conserve, des saucisses, du *kimchi* et des nouilles végans. 비건 햄과 소시지, 김치, 라면 사리 사용

Version sans gluten 글루텐 프리

- Utilisez de la viande en conserve, des saucisses, des haricots, de la sauce soja, du *gochujang* et du *kimchi* sans gluten. 글루텐 프리 햄과 소시지, 베이크드 빈스, 간장, 고추장, 김치 사용
- Optez pour des nouilles à *ramyeon* sans gluten ou, si vous n'en trouvez pas, omettez-les, tout simplement !
  글루텐 프리 라면 사리 사용 혹은 라면 사리 제외

Préparation

1

Coupez le *kimchi* en morceaux de la taille d'une bouchée. Coupez les saucisses en rondelles biseautées, puis la viande en conserve en tranches de 5 mm d'épaisseur.

김치는 먹기 좋은 크기로 썬다. 소시지는 어슷하게 썰고, 캔햄은 0.5cm 두께로 썬다.

2

Émincez l'oignon en grosses lanières et coupez le tofu en tranches de 1 cm d'épaisseur. Coupez le poireau en tronçons de 5 cm de long.

양파는 굵게 채 썰고, 두부는 1cm 두께로 썬다. 대파는 5cm 길이로 썬다.

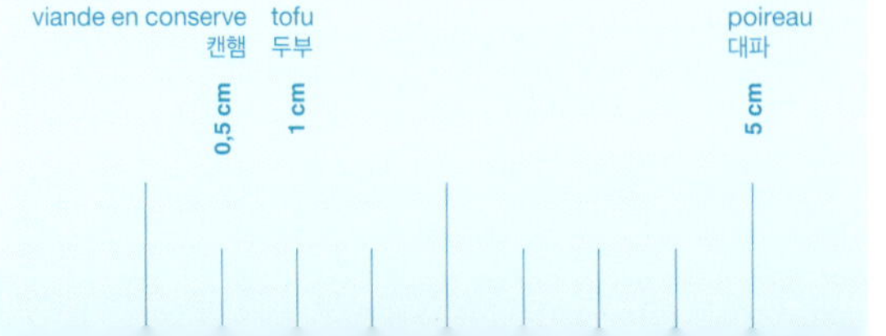

3

Mettez tous les ingrédients préparés aux étapes ❶ et ❷ dans un grand récipient de cuisson, puis ajoutez les germes de haricots mungo, les nouilles crues et les haricots cuits.

넓은 냄비에 ❶, ❷에서 손질한 재료와 숙주, 라면사리, 베이크드 빈스를 넣는다.

4

Mettez tous les ingrédients de l'assaisonnement dans un bol et mélangez bien

볼에 양념 재료를 모두 넣고 고루 섞는다.

5

Versez le contenu du bol et l'eau dans le récipient de cuisson, puis portez à ébullition. Laissez mijoter à feu moyen-doux, jusqu'à ce que tous les ingrédients soient cuits.

냄비에 양념을 얹고 물을 부어 끓인다. 중약불에서 각 재료가 모두 알맞게 익도록 충분히 끓인다.

Le *budae-jjigae* devrait contenir...
부대찌개를 만들 때,

Des tonnes de viande en conserve !

햄 많이!

Jin

SUGA

Jung Kook

Résultats basés sur les véritables réponses données par les membres de BTS.
방탄소년단의 실제 응답을 정리한 내용입니다.

Beaucoup, beaucoup de saucisses !

소시지 많이!

RM

j-hope

V

Les deux !

둘 다 많이!

Jimin

Rain

선율같이 내리는 비에
모두 다 안단테

The rain falling

like a melody

Makes everything

andante

② Jour de pluie

Pajeon (Crêpe aux cébettes) 파전

Sujebi (Soupe aux morceaux de pâte) 수제비

Dak-bokkeumtang (Ragoût de poulet pimenté) 닭볶음탕

Dak-bokkeumtang
Sujebi
Pajeon

Pajeon

Crêpe aux cébettes
파전

SANS OLÉAGINEUX
CROUSTILLANT
À LA POÊLE
CRÊPE

Difficulté
FACILE

Versions **végane** et **sans gluten** possibles
비건, 글루텐 프리 재료로 조리 가능

Sujebi

Soupe aux morceaux de pâte
수제비

SANS OLÉAGINEUX
FUMANT
BOUILLI
SOUPE

Difficulté
MOYEN

Version **végane** possible
비건 재료로 조리 가능

Dak-bokkeumtang

Ragoût de poulet pimenté
닭볶음탕

SANS OLÉAGINEUX
PIMENTÉ
BRAISÉ
POULET

Difficulté
FACILE

Version **sans gluten** possible
글루텐 프리 재료로 조리 가능

Pajeon

Crêpe aux cébettes 파전

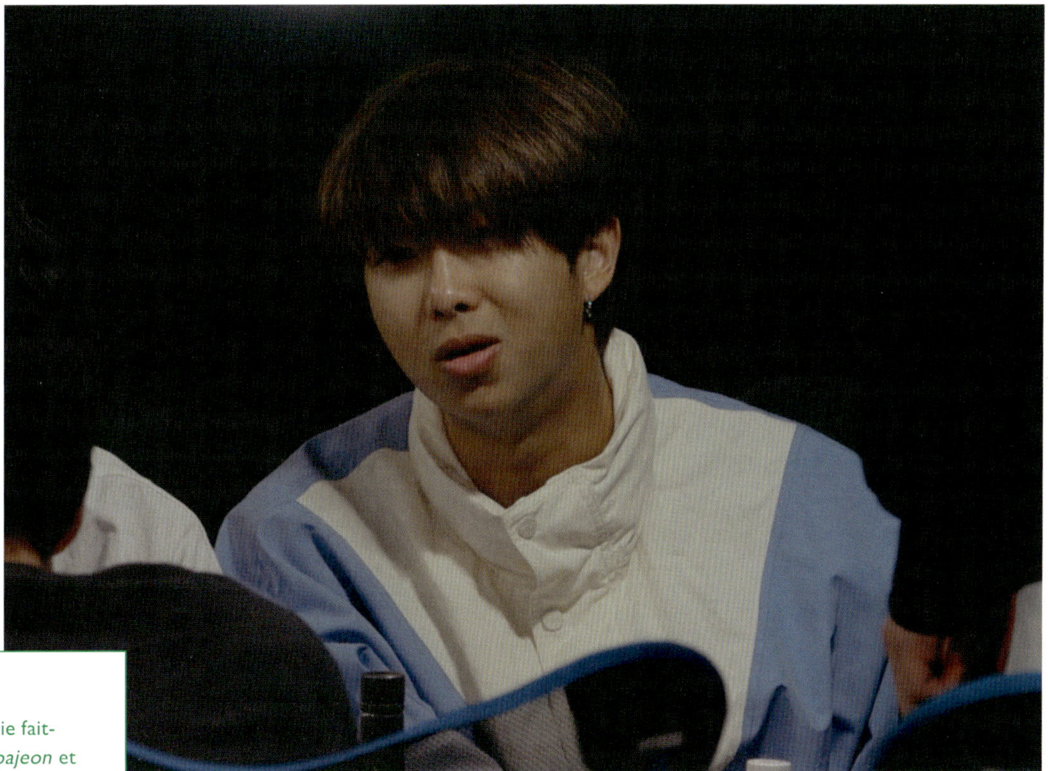

In the SOOP 1 Ep.3

RM
Pourquoi la pluie fait-elle penser au *pajeon* et au *makgeolli* ? J'ai posé la question à des anciens, et ils m'ont répondu que le grésillement du *pajeon*, quand il cuit, évoque le bruit de la pluie qui tombe.

RM
비 올 때는 왜 파전에 막걸리가 생각날까? … 내가 어른들한테 물어봤는데, 파전 굽는 소리가 비 오는 소리랑 비슷하대.

Lors d'un après-midi tranquille, j-hope écoute le bruit léger de la pluie. « Il pleut, déclare-t-il, et si on mangeait un *pajeon* ? » Ce soir-là, alors que la pluie s'est calmée mais que le ciel est encore bas, les membres de BTS se rendent au bord d'une rivière pour y déguster un *pajeon* qu'ils ont préparé eux-mêmes. Peut-être est-ce à cause du *makgeolli* (alcool de riz non raffiné) qu'ils ont bu pour accompagner le plat ou simplement de la mélancolie propre à une journée pluvieuse, mais le simple fait de passer du temps ensemble semble mettre les membres du groupe de bonne humeur. Le *pajeon* a illuminé leur journée et provoque même un débat sur la raison pour laquelle le plat et le *makgeolli* sont si étroitement liés à la pluie. Mais au fait, qu'est-ce qu'un *pajeon* ?

비가 부슬부슬 내리던 한가로운 오후, 빗소리를 듣던 제이홉이 말했다. "비도 오는데, 오늘 파전?" 그리고 그날 저녁, 방탄소년단은 비가 잦아들고 구름이 낮게 깔린 강가에 모여 파전을 부쳐 먹었다. 파전과 함께 마신 막걸리에 취한 것인지, 비 오는 날의 분위기에 취한 것인지, 멤버들은 함께 있는 것만으로도 기분이 좋아 보였다. '비 올 때는 왜 파전에 막걸리가 생각날까?'에 대한 진지한 토론까지 이끌어낸 이날의 주인공, 파전. 파전은 어떤 음식일까?

Dans le mot *pajeon*, *jeon* fait référence à une fine crêpe, souvent à base de farine de froment et cuite à la poêle, à laquelle on ajoute divers ingrédients de son choix – des légumes, notamment. Les Coréens apprécient tout particulièrement le *pajeon* lorsqu'il pleut, car le grésillement de la pâte, lorsqu'elle cuit dans une poêle bien chaude, évoque le bruit des gouttes d'eau qui tombent.
Le *jeon* est un plat plaisant et qui se prête à toutes les fantaisies culinaires, car il peut être associé à tous les aliments que l'on aime. Ajoutez simplement des cébettes à la pâte de base et vous obtenez un *pajeon*, mais si vous l'associez à du *kimchi*, il s'agit alors d'un *kimchijeon* (crêpe au *kimchi*).
Le *pajeon* est légèrement amer et délicieusement riche en umami, tandis que le *kimchijeon*, lui, offre du croquant et du piquant grâce au *kimchi*. Pour apprécier au mieux la texture des ingrédients composant un *jeon* fin, on peut le déchirer en morceaux à l'aide de baguettes.
On peut aussi remplacer la farine de froment de la pâte par de la farine de riz ou de sarrasin. La première permet d'obtenir une crêpe croustillante à l'extérieur et tendre à l'intérieur, tandis qu'avec la seconde, le résultat sera plus moelleux. Avec la farine de sarrasin, la crêpe se déchirera plus facilement et offrira un goût plus rustique.

In the SOOP 1 Ep.3

'파전'의 '전'은 주로 밀가루로 만든 묽은 반죽에 채소 등 원하는 속 재료를 넣고, 프라이팬에 얇게 구워 만드는 음식이다. 잘 달궈진 팬에 반죽을 두를 때 나는 '치-익' 소리가 마치 빗소리를 닮아, 한국에서는 비 내리는 날 유독 인기가 많은 메뉴다.
전은 다양한 재료를 넣어 응용하는 재미가 있는 음식이다. 기본 반죽에 파를 넣으면 파전이 되고, 김치를 넣으면 김치전이 된다. 파전은 쌉싸름한 감칠맛이, 김치전은 송송 썰어 넣은 김치의 아삭한 식감과 매콤한 맛이 특징이다. 전을 얇게 부쳐 젓가락으로 찢어 먹으면 재료의 식감을 더 생생하게 즐길 수 있다.
한편, 속 재료는 그대로 두고 반죽 재료의 밀가루만 쌀가루나 메밀가루로 바꿔 보아도 좋다. 밀가루를 넣어 반죽하면 겉은 바삭하고 속은 촉촉해지며, 밀가루 대신 쌀가루를 넣으면 식감이 보다 쫀득해진다. 메밀가루 반죽은 식감이 툭툭 끊기지만 특유의 구수한 향이 일품이다.

Après avoir observé Jin retourner délicatement la crêpe d'un coup de poignet, les autres membres du groupe décident de relever le défi et se mettent eux aussi à confectionner des *pajeon*. La préparation de ce plat est amusante, et voici quelques astuces pour profiter de cette expérience sensorielle :
d'abord, lorsque vous versez la pâte dans la poêle, écoutez attentivement le grésillement produit afin d'évaluer s'il ressemble au bruit de la pluie qui tombe. Quand le bruit de l'huile chaude sur la surface de la poêle vous fait penser à une averse, activez votre odorat pour profiter pleinement du parfum de noisette qui se dégage de la poêle. Dès que la crêpe commence à sentir bon et qu'elle est bien dorée, c'est le moment de la retourner ; pour cela, un seul mot d'ordre : procédez rapidement et sans hésitation ! Cette opération pouvant s'avérer délicate pour les débutants si la crêpe est grande, il vaut mieux s'entraîner d'abord avec de petits modèles. Enfin, trempez un morceau de *pajeon* frit et croustillant des deux côtés dans de la sauce soja vinaigrée et placez-le dans la bouche pour compléter l'expérience !

손목 스냅을 이용하여 전을 잘 뒤집는 진을 보고, 다른 멤버들도 각자 전 뒤집기에 도전하며 파전을 만드는 즐거움을 만끽했다. 먹는 즐거움과 더불어 만드는 재미도 빼놓을 수 없는 음식인 파전을 오감으로 즐기는 방법을 소개한다.
우선 팬에 반죽을 두르고 파전이 익는 소리가 빗소리와 닮았는지 귀를 기울여 보자. 팬 위의 기름 소리가 점차 시원한 빗소리처럼 들린다면, 그다음에는 코끝에 전해지는 고소한 향을 음미해 보자. 맛있는 냄새와 함께 파전의 색깔이 노릇노릇해지기 시작하면 이제 뒤집을 때가 된 것이다. 파전을 뒤집을 때에는 딱 한 가지만 기억하자. 바로 용기를 내어 잽싸게 뒤집는 것! 처음부터 큰 파전을 뒤집기는 어려우니 작게 만들어 연습해도 좋다. 마지막으로 양면을 고루 익힌 파전을 초간장에 찍어 한입 맛보면 파전의 모든 것을 경험했다고 할 수 있다.

In the SOOP 1 Ep.3

In the SOOP 1 Ep.3

Autre astuce utile : pour un *jeon* réussi, il est indispensable de maîtriser la quantité d'huile de cuisson à verser dans la poêle. Les membres de BTS préfèrent cuire leurs crêpes dans beaucoup d'huile ; Jimin, en particulier, a déclaré qu'il aime le *jeon* très croustillant, presque frit. Quant à Jin, il se souvient que dans la saison 1 de *In the SOOP*, ses amis avaient apprécié des crêpes croustillantes, si bien que dans la saison 2, il leur concocte des *jeon* enrobés d'huile pour leur faire plaisir. Le fait de cuire les crêpes dans une grande quantité d'huile, presque au point de les frire, permet de leur donner encore plus de goût – sans compter que la prévenance de Jin à l'égard des autres membres a réchauffé le cœur de ces derniers. Une boisson faiblement alcoolisée accompagnera à merveille ce type de plat riche en huile ; si vous ne savez pas laquelle choisir, fiez-vous aux goûts des membres de BTS en la matière !

전을 맛있게 부치는 요령을 한 가지 더 꼽자면, 그것은 바로 기름의 양을 조절하는 것이다. 방탄소년단은 기름을 넉넉히 둘러 부친 전을 좋아하는데, 특히 지민은 전이 기름에 거의 잠기듯이 튀겨서 엄청 바삭바삭하게 부친 전을 좋아한다고 했다. 진은 멤버들이 <인더숲 1>에서 바삭한 전을 잘 먹었던 것을 기억하고 <인더숲 2>에서도 멤버들의 입맛에 맞춰 기름진 전을 부쳐 주었다. 튀기듯 부친 전은 한층 더 고소하고, 멤버들을 생각하는 진의 마음은 갓 나온 전보다 따뜻하다. 기름기 있는 파전을 먹을 때에는 목 넘김이 좋은 술을 곁들여도 좋다. 어떤 술이 잘 어울릴지 모르겠다면, 방탄소년단 멤버들의 취향을 참고하자.

Ce qu'aiment boire les membres de BTS avec leur *pajeon*

방탄소년단이 파전과 함께 마시는 술 알아보기

→ pages 84-85

Essayez de cuisiner un *pajeon* un jour de pluie. Humez le riche parfum de l'huile et écoutez le clapotis de la pluie qui frappe la fenêtre et qui évoque si bien le grésillement appétissant de la pâte qui cuit dans la poêle !

비가 오는 날에는 파전을 만들어 보자.
고소한 기름 냄새를 맡고 있으면 창밖의
빗소리조차 파전이 맛있게 익어가는 소리로
들릴지 모른다.

In the SOOP 1 Ep.3

Recette

Pour 3 crêpes de 20 cm de diamètre
지름 20cm 크기 3장

Recette en vidéo

Ingrédients

- ☐ 70 g de cébettes
- ☐ 30 g de ciboulette
- ☐ ½ oignon (100 g)
- ☐ 1 piment rouge (15 g)
- ☐ 15 crevettes surgelées, décortiquées et déveinées (30 g)
- ☐ ½ seiche (100 g)
- ☐ 2 ou 3 cuil. à soupe d'huile de cuisson

Pour la pâte

- ☐ 130 g de farine de froment (T45 ou T55)
- ☐ 1 œuf
- ☐ 250 ml d'eau
- ☐ 3 cuil. à soupe de fécule de pomme de terre
- ☐ 1 cuil. à café d'ail haché
- ☐ ½ cuil. à café de sel

Pour la sauce soja vinaigrée

- ☐ 1 cuil. à soupe de sauce soja
- ☐ 1 cuil. à soupe d'eau
- ☐ ½ cuil. à café de vinaigre
- ☐ ¼ de cuil. à café de *gochugaru*

- ☐ 쪽파 70g
- ☐ 부추 30g
- ☐ 양파 ½개 (100g)
- ☐ 홍고추 1개 (15g)
- ☐ 손질된 냉동 새우 15마리 (30g)
- ☐ 오징어 ½마리 (100g)
- ☐ 식용유 2~3큰술

반죽

- ☐ 밀가루 (중력분 또는 박력분) 1컵 (130g)
- ☐ 달걀 1개
- ☐ 물 1컵
- ☐ 감자 전분 3큰술
- ☐ 다진 마늘 1작은술
- ☐ 소금 ½작은술

초간장

- ☐ 간장 1큰술
- ☐ 물 1큰술
- ☐ 식초 ½작은술
- ☐ 고춧가루 ¼작은술

Astuces

- Si vous ne trouvez pas de cébettes, remplacez-les par de la ciboulette en même quantité (soit 100 g de ciboulette en tout). 쪽파를 구하기 어렵다면 쪽파를 제외하고 같은 분량의 부추를 추가한다.
- Vous pouvez remplacer la seiche et les crevettes par des palourdes, des coquilles Saint-Jacques, du poisson blanc et des huîtres. La quantité totale de produits de la mer doit être de 100 à 130 g.
  오징어, 새우 대신 조개나 가리비, 생선살, 굴을 넣어도 잘 어울린다. 해물은 다 합쳐 100~130g 정도가 적당하다.
- L'huile de soja, de maïs, de pépins de raisin ou de colza convient pour la cuisson des *pajeon*. Évitez l'huile d'olive, dont l'arôme est trop marqué. 식용유는 콩기름, 옥수수유, 포도씨유, 카놀라유 등을 사용한다. 올리브유는 특유의 향이 강하므로 피한다.
- Le rôle du piment rouge étant surtout d'apporter un peu de couleur au plat, vous pouvez ne pas en mettre.
  홍고추는 색감을 더하기 위한 것이므로 제외해도 된다.

Version végane 비건

- Omettez les produits de la mer ou remplacez-les par des champignons – shiitakés ou pleurotes du panicaut – et ajoutez ½ cuillerée à café de sauce soja à la pâte. 해물 제외 또는 새송이 버섯 및 표고버섯으로 대체 후 반죽에 간장 ½작은술 추가
- Omettez l'œuf. 달걀 제외

Version sans gluten 글루텐 프리

- Remplacez la farine de froment par la même quantité de farine de riz ou de sarrasin.
  밀가루 대신 같은 분량의 쌀가루 혹은 메밀가루 사용
- Utilisez de la sauce soja sans gluten. 글루텐 프리 간장 사용

Préparation

1

Coupez les cébettes et la ciboulette en tronçons de 5 cm de long, puis détaillez l'oignon en julienne. Émincez finement le piment rouge.

쪽파와 부추는 5cm 길이로 썰고, 양파는 채 썬다. 홍고추는 얇게 썬다.

2

Laissez décongeler les crevettes dans de l'eau à température ambiante, puis égouttez-les dans une passoire. Détaillez la seiche en morceaux de la taille d'une bouchée.

손질된 냉동 새우는 실온의 물에 담가 해동한 뒤 체에 밭쳐 물기를 빼고, 오징어는 먹기 좋은 크기로 썬다.

3

Mettez tous les ingrédients de la pâte dans un saladier et mélangez bien. Ajoutez les ingrédients coupés aux étapes précédentes et mélangez de nouveau.

큰 볼에 반죽 재료를 모두 넣고 고루 섞는다. 반죽에 손질한 재료들을 넣고 섞는다.

Astuce

Remplacez les ingrédients coupés aux étapes ❶ et ❷ par la même quantité de cébettes et 200 g de *kimchi* à l'étape ❸ pour obtenir un *kimchijeon*.

❸의 반죽에 ❶, ❷의 재료 대신 같은 분량의 쪽파와 김치 200g을 넣으면 김치전을 만들 수 있다.

4

Versez 1 cuillerée à soupe d'huile de cuisson dans une poêle chaude. Ajoutez 2 louchées de pâte et répartissez-la sur le fond. Cuisez la crêpe à feu moyen-doux, jusqu'à ce que le dessous soit croustillant, puis retournez-la.

뜨겁게 달군 팬에 식용유를 1큰술 넣고 반죽을 2국자 떠서 넓게 펼친다. 중약불에서 익히다가 한쪽 면이 바삭하게 익으면 뒤집는다.

Astuce

Pour que le plat soit réussi, versez l'huile et la pâte dans la poêle quand celle-ci est bien chaude !

전을 맛있게 부치려면 팬이 뜨거울 때 식용유를 두르고 반죽을 넣는 것이 좋다.

5

Ajoutez 1 cuillerée à soupe d'huile de cuisson, puis à l'aide d'une spatule, aplatissez le *pajeon* pour que le dessous soit bien croustillant.

식용유 1큰술을 추가하고, 뒤집개로 눌러 가며 반대쪽 면도 바삭하게 익힌다.

Astuce

Pour obtenir une crêpe croustillante, mais sans la faire brûler, ajoutez de temps à autre un peu d'huile tout autour.
중간중간 팬 가장자리에 식용유를 넣으면 전이 잘 타지 않고 바삭하게 익는다.

6

Mélangez tous les ingrédients de la sauce soja vinaigrée dans un bol. Trempez-y les morceaux de *pajeon* avant de déguster !

초간장 재료를 모두 섞고, 파전을 초간장에 찍어 먹는다.

Avec quelle boisson alcoolisée accompagner le *pajeon* ?
파전에 어울리는 술은?

Du *makgeolli*
막걸리

Jin

SUGA

Jung Kook

Du *dongdongju* (alcool de riz non filtré) et du *makgeolli*
동동주, 막걸리

RM

Résultats basés sur les véritables réponses données par les membres de BTS.
방탄소년단의 실제 응답을 정리한 내용입니다.

Du *soju*

소주

Jimin

Théoriquement, du *makgeolli*, mais je le supporte mal…

(멤버들이) 막걸리라고 하는데, 막걸리 못 마심 …

V

Je ne bois pas tellement d'alcool !

술은… 잘…

j-hope

Sujebi

Soupe aux morceaux de pâte 수제비

La farine panifiable ou dite « de force » (comme en Corée !) est forte comme son nom l'indique.

강력분은 말 그대로 진짜 강해요.

Run BTS! Ep.123

La leçon de Jimin sur les types de farine :

- **Farine panifiable**
  Contient plus de 13 % de gluten, surtout utilisée pour confectionner du pain.
- **Farine tous usages**
  Contient 10 à 13 % de gluten, utilisée notamment pour le *sujebi*, le *mandu* et les nouilles.
- **Farine à gâteaux**
  Ne contient pas plus de 10 % de gluten, utilisée surtout pour réaliser des biscuits et fariner des aliments avant de les frire.

지민의 밀가루 설명 교실

- **강력분**
  글루텐 함량 13% 이상, 주로 제빵에 사용
- **중력분**
  글루텐 함량 10~13%, 주로 수제비, 만두, 면을 만들 때 사용
- **박력분**
  글루텐 함량 10% 이하, 주로 쿠키, 튀김을 만들 때 사용

Run BTS! Ep.142

Voici un bol de *sujebi* entièrement préparé par les membres de BTS, morceaux de pâte et bouillon compris ! Ayant entendu dire que plus la pâte des morceaux est fine, plus il est facile de les avaler – de préférence en faisant du bruit –, Jin, V et Jung Kook fournissent beaucoup d'efforts pour l'étirer au maximum. Concocté avec autant d'amour et de tendresse, le *sujebi* est si savoureux que j-hope le gratifie d'un pouce en l'air !
Chaud et fumant, le *sujebi* est parfait pour se réchauffer lors d'une journée pluvieuse. Plongeons donc dans l'univers de cette soupe, où le bouillon chaud et les morceaux de pâte moelleuse cohabitent dans une harmonie parfaite !

여기, 반죽부터 국물까지 방탄소년단이 직접 만든 수제비가 있다. 밀가루 반죽을 얇게 뜰수록 호로록 먹기 좋다는 말에, 진, 뷔 그리고 정국이 한 장 한 장 정성스럽게 반죽을 뜯어가며 만들었다. 이렇게 정성스럽게 만든 수제비는 제이홉이 엄지를 치켜세울 정도로 맛있게 완성됐다.
김이 모락모락 피어오르는 수제비는 비 오는 날 몸을 데우기에 딱 좋은 음식이다. 따끈한 국물과 쫄깃한 반죽의 조화가 매력적인 수제비의 세계에 풍덩 빠져 보자.

Pour le *sujebi*, on réalise une pâte à base de farine de froment, puis on la déchire en morceaux de la taille d'une bouchée ; on cuit ensuite ceux-ci dans un bouillon, avec divers légumes et fruits de mer. Partout dans le monde, on trouve des plats composés à la fois de bouillon et de nouilles, comme les *ramyeon*, le *phở* ou les nouilles *udon*. Le *sujebi* en est un autre exemple, à l'exception près qu'ici, les nouilles sont remplacées par des morceaux de pâte aux formes singulières. Ceux-ci, d'ailleurs, sont également appelés *sujebi* ! Mesurant de 2,5 à 4 cm environ, ces bouchées sont généralement de forme ronde et plate, ressemblant un peu aux conchiglie italiens. Leur texture, en revanche, est totalement différente ! La pâte étant facile à réaliser avec des ingrédients simples, nombreux sont ceux qui préfèrent la confectionner eux-mêmes. Et pour rendre l'opération plus amusante, il est toujours bon de donner aux morceaux de pâte une forme plus originale – cœur, étoile, etc. ! Si c'est trop difficile, rien ne vous empêche d'abaisser la pâte au rouleau à pâtisserie, puis de la détailler en morceaux à l'aide des emporte-pièces de votre choix, comme pour des biscuits. Veillez simplement à étirer la pâte au maximum, comme le font les membres de BTS, car si elle est trop épaisse, elle aura du mal à cuire correctement.

수제비는 밀가루를 반죽해서 국물에 적당한 크기로 떼어 넣어 다양한 채소, 해물과 함께 익힌 음식이다. 라멘, 쌀국수, 우동처럼, 국물과 면을 함께 즐기는 요리는 세계 각국에 존재한다. 수제비 역시 국물 요리의 하나인데, 면 대신 밀가루 반죽으로 만든 독특한 생김새의 건더기가 특징이다. 수제비는 이 건더기의 이름이면서 요리 자체의 이름이기도 하다. 수제비는 보통 지름이 손가락 한두 마디 정도 되는 동글납작한 모양을 띤다. 파스타로 따지면 콘킬리에와 모양이 유사한데, 식감은 완전히 다르다. 수제비는 반죽 재료가 단순하고 만들기도 쉽기 때문에 반죽부터 직접 만들어 먹는 사람도 많다. 하트 모양, 별 모양 등 원하는 모양의 수제비를 마음껏 만들어 넣을 수 있다는 점이 수제비 만들기의 묘미다. 손으로 다양한 모양을 빚어내기가 어렵다면 쿠키를 만들듯이 밀대로 반죽을 펼치고 모양 틀로 찍어 내도 좋다.
단, 수제비가 두꺼우면 속이 익지 않을 수 있으니 방탄소년단이 만들었던 것처럼 반죽을 최대한 얇게 펼치는 것을 잊지 말자.

conchiglie 콘킬리에

sujebi 수제비

Run BTS! Ep.142

Le jour où les membres du groupe cuisinent un *sujebi*, ils réalisent aussi du *geotjeori** pour l'accompagner. V et Jung Kook s'agitent tout autour du récipient, comme s'ils dansaient, sans doute très heureux à l'idée du bon repas qui s'annonce. Quiconque ayant eu la chance de déguster ce savoureux mariage d'un *sujebi* au bouillon délicat et d'un *kimchi* relevé ne résisterait pas non plus à l'envie d'exécuter quelques pas de danse rien qu'à l'idée d'avoir ce plat à son menu ! On peut aussi remplacer le *kimchi* par une sauce soja pimentée en mélangeant du piment fort, de la sauce soja et du *gochugaru* !

수제비를 만드는 날, 멤버들은 수제비와 함께 먹을 겉절이*도 직접 만들었다. 뷔와 정국은 맛있는 요리를 먹을 생각에 신이 났는지 마치 춤을 추듯 리듬을 타며 겉절이를 만들었다. 순한 국물의 수제비와 매콤한 김치의 환상적인 궁합을 맛본 사람이라면, 이 두 음식을 생각하기만 해도 몸이 들썩일 것이다. 김치 대신 청양고추와 간장, 고춧가루 등으로 양념간장을 만들어 수제비에 곁들여도 좋다.

Run BTS! Ep.142

*** Le *geotjeori***

Traditionnellement, le *kimchi* s'obtient en laissant fermenter des légumes préalablement salés, une préparation qui se conserve longtemps. Le *geotjeori*, en revanche, en est une variante pour laquelle les légumes sont salés très peu de temps ou pas du tout et qui est dégustée aussitôt après que tous les ingrédients ont été mélangés. Le processus de fabrication est plus simple que pour un *kimchi* ordinaire, et le goût plus rafraîchissant.

보통 김치는 채소를 충분히 절이고 발효시켜 먹는다. 하지만 겉절이는 채소를 소금에 절이지 않거나 아주 짧은 시간 동안만 절인 뒤 바로 무쳐서 먹는다. 일반 김치에 비해 만드는 과정이 간단하고 맛이 신선하다.

Run BTS! Ep.123

Suivant les instructions données par les autres membres du groupe en cuisine, Jin et SUGA ont essayé de réaliser un *kalguksu* (une soupe à base de nouilles détaillées au couteau), mais ils n'ont pas tardé à changer leurs plans pour un *sujebi*, car la pâte s'avérait réticente ! En fait, la préparation du *kalguksu* et celle du *sujebi* sont très similaires. Si vous étirez et déchirez la pâte solide avec les mains pour obtenir de fins morceaux, c'est un *sujebi*, mais si vous l'abaissez au rouleau à pâtisserie et la coupez ensuite en fines lanières, c'est un *kalguksu* ! Par conséquent, réalisez le premier si vous aimez avoir la bouche remplie de pâte moelleuse et plate, ou optez pour le second si les nouilles fines et longues ont votre préférence !

다른 멤버들의 지령을 들으며 요리를 하던 날, 진과 슈가는 칼국수를 만들려고 했지만 밀가루 반죽이 맘처럼 되지 않아 결국 수제비로 방향을 틀었다. 실제로 칼국수와 수제비의 조리법은 매우 비슷하다. 단단하게 치댄 밀가루 반죽을 손으로 얇게 뜯으면 수제비가 되고, 칼로 곱게 썰면 칼국수가 된다. 쫄깃하고 얇은 식감을 즐기고 싶다면 수제비를, 가늘고 긴 면을 즐기고 싶다면 칼국수를 만들어 보자.

kalguksu 칼국수

Si vous avez envie de nouveauté alors qu'il pleut, pensez au *sujebi* ! Son bouillon, riche en umami, et ses morceaux de pâte moelleuse vous procureront des sensations inédites en bouche !

비 오는 날 무언가 색다른 음식을 즐기고 싶다면 수제비를 추천한다.
감칠맛 가득한 국물과 쫀득한 반죽이 만나 씹는 즐거움을 선물할 것이다.

sujebi 수제비

Recette

Pour 4 personnes
4인분

Recette en vidéo

Ingrédients

- ☐ 10 cm de courgette (200 g)
- ☐ ½ oignon (100 g)
- ☐ 1 poireau (80 g)
- ☐ 8 crevettes

Pour la pâte

- ☐ 400 g de farine de froment (panifiable ou tous usages)
- ☐ 250 ml d'eau
- ☐ ⅓ de cuil. à café de sel

Pour le bouillon

- ☐ 500 g de palourdes
- ☐ 2,5 l d'eau
- ☐ 2 cuil. à soupe de sauce soja
- ☐ 1 ou 1 ½ cuil. à soupe de sel
- ☐ ½ cuil. à soupe d'ail haché
- ☐ poivre noir au goût

Pour la sauce soja pimentée

- ☐ 3 piments forts
- ☐ 4 cuil. à soupe de sauce soja
- ☐ ¼ de cuil. à café de *gochugaru*

- ☐ 주키니 10cm 길이 (200g)
- ☐ 양파 ½개 (100g)
- ☐ 대파 1대 (80g)
- ☐ 새우 8마리

반죽

- ☐ 밀가루 (강력분 또는 중력분) 3컵 (400g)
- ☐ 물 1컵
- ☐ 소금 ⅓작은술

국물

- ☐ 조개 500g
- ☐ 물 10컵
- ☐ 간장 2큰술
- ☐ 소금 1~1½큰술
- ☐ 다진 마늘 ½큰술
- ☐ 후추 적당량

양념간장

- ☐ 청양고추 3개
- ☐ 간장 4큰술
- ☐ 고춧가루 ¼작은술

Astuce

- À défaut de poireau, ajoutez 1 cuillerée à café d'ail haché.
  대파가 없다면 대파를 제외하고 다진 마늘을 1작은술 더 넣는다.

Version végane 비건

- Ne mettez pas de crevettes. 새우 제외
- Remplacez le bouillon de palourdes par du bouillon de légumes. 조개 국물 대신 채소 국물 사용 → page 21

Préparation

1

Détaillez la courgette et l'oignon en julienne épaisse, puis émincez le poireau en rondelles biseautées.

주키니와 양파는 굵게 채 썰고, 대파는 어슷하게 썬다.

2

Réunissez tous les ingrédients de la pâte dans un saladier et pétrissez jusqu'à l'obtention d'une pâte homogène. Formez une boule, transférez-la dans un sachet en plastique et placez 30 minutes minimum au réfrigérateur.

볼에 반죽 재료를 모두 넣고 고루 섞는다. 반죽을 잘 뭉친 뒤 비닐에 담아 냉장고에서 30분 이상 숙성시킨다.

Astuce

Laisser poser la pâte au réfrigérateur permet de solidifier sa texture, pour une sensation plus agréable en bouche.
수제비 반죽을 만든 뒤, 냉장고에 넣어 숙성시키면 식감이 더 쫄깃해진다.

3

Au rouleau à pâtisserie, abaissez la pâte solidifiée sur le plan de travail.

숙성된 수제비 반죽을 밀대로 얇게 밀어 납작하게 펼친다.

Astuces

- Si vous n'avez pas de rouleau, n'importe quel objet long et cylindrique fera l'affaire, une bouteille de vin, par exemple.
  밀대가 없다면 와인 병 등 기다란 원통형 물건을 사용해도 된다.
- Farinez légèrement le rouleau, ainsi que vos mains et le plan de travail, pour empêcher la pâte de coller.
  밀대와 손, 조리대에 밀가루를 뿌려 두면 반죽이 덜 달라붙는다.

4

Réunissez les ingrédients du bouillon dans une cocotte, puis portez à ébullition. Quand le liquide commence à bouillir, ajoutez les légumes coupés à l'étape ❶, les crevettes et les morceaux de pâte déchirés à la main. Lorsque ces derniers remontent à la surface, salez et poivrez au goût.

냄비에 국물 재료를 넣고 끓인다. 국물이 끓으면 손질한 채소들과 새우를 넣고 수제비 반죽을 손으로 뜯어 넣는다. 반죽이 떠오르면 소금과 후추를 넣어 간을 맞춘다.

Astuces

- Quand les morceaux de pâte remontent à la surface, c'est qu'ils sont presque cuits.
  반죽이 위로 떠오르면 거의 다 익은 것이다.
- Salez le plat uniquement en fin de cuisson, car les palourdes le sont déjà.
  조개에 염분이 있기 때문에 소금 간은 마지막에 한다.

5

Émincez finement les piments forts, puis mélangez-les avec tous les autres ingrédients de la sauce soja pimentée. Ajoutez-en un peu au *sujebi* selon votre goût !

청양고추를 얇게 썬다. 청양고추와 양념간장 재료를 모두 섞는다. 수제비에 조금씩 넣어 먹는다.

Qu'est-ce que le 칼제비 (*kaljebi*) ?

Tout en réalisant la pâte pour le 칼국수 (*kalguksu*), Jin demande à SUGA si un 칼제비 (*kaljebi*) serait bon, car la pâte n'est pas comme il le souhaite. Mélange entre le 칼국수 (*kalguksu*) et le 수제비 (*sujebi*), il s'agit d'un plat associant les nouilles du premier aux morceaux de pâte du second. N'hésitez pas à essayer si vous aimez profiter de textures différentes dans un même plat !

Le choix de BTS

Quel est ton *sujebi* préféré ?
수제비를 먹을 때,

Dans un bouillon épais

걸쭉한 국물이 좋아요.

Jin SUGA Jimin

Résultats basés sur les véritables réponses données par les membres de BTS.
방탄소년단의 실제 응답을 정리한 내용입니다.

Dans un bouillon clair

깔끔한 국물이 좋아요.

RM

j-hope

V

Jung Kook

Dak-bokkeumtang

Ragoût de poulet pimenté 닭볶음탕

BON VOYAGE 4 Ep.5

Un soir, alors que les membres de BTS faisaient du camping en Nouvelle-Zélande, SUGA prépare un *dak-bokkeumtang* pour le dîner. Tout à coup, tous se mettent à exécuter des gestes menaçants en direction de la marmite contenant le plat, comme s'ils essayaient de lui faire peur. Mais pourquoi font-ils cela au *dak-bokkeumtang* en train de cuire ?
En coréen, le mot 졸다 (*jolda*) fait référence à « un bouillon qui épaissit après une longue cuisson », mais son homonyme signifie aussi « être terrifié ». C'est ce qui provoque ce moment de folie où les membres tentent d'épaissir le bouillon du ragoût en lui faisant peur, car à leur goût, la cuisson classique prend trop de temps ! Même s'il leur faut attendre, ils finissent tout de même par déguster un bon repas autour du feu de camp. Découvrons maintenant ce plat, aussi délicieux qu'amusant à cuisiner.

방탄소년단이 뉴질랜드에서 캠핑을 할 때, 슈가가 저녁 메뉴로 닭볶음탕을 만든 적이 있다. 그런데 갑자기 멤버들이 닭볶음탕이 든 냄비를 향해 무서운 포즈를 취하며 괜스레 겁을 주는 모습이 포착됐다. 멤버들은 왜 요리를 하다 말고 닭볶음탕을 위협했던 걸까?
'졸다'라는 한국어 단어는 '국물이 오래 끓어 농도가 걸쭉해지다'라는 뜻이지만, 동시에 '겁을 먹다'라는 의미도 지닌다. 그러니 그 장면은 좀처럼 국물이 진해지지 않는 닭볶음탕을 앞에 두고 겁이라도 주어 졸게 하려던, 방탄소년단의 유머가 엿보이는 장면이었다. 국물을 졸이는 데 시간은 좀 걸렸지만, 모닥불 앞에 옹기종기 모여 만족스러운 식사를 한 방탄소년단. 만드는 과정도 재밌고, 맛도 일품인 이 음식에 대해 알아보자.

coq au vin 코코뱅

chikuzenni 치쿠젠니

De nombreuses cuisines du monde entier proposent un plat de poulet braisé accompagné de légumes, du coq au vin en France au *chikuzenni* japonais. Le *dak-bokkeumtang* est l'un de ces plats les plus célèbres en Corée. Comme il est bien meilleur lorsque ses nombreux ingrédients mijotent longuement pour absorber toutes les saveurs de l'assaisonnement, on le cuisine souvent dans une grosse marmite afin de rassasier une grande tablée. Le mariage de la richesse du poulet et de la fraîcheur épicée de l'assaisonnement est savoureux ; avec du riz pour un repas complet ou en encas pour accompagner des boissons alcoolisées, c'est toujours un régal ! Chez BTS, on le réalise avec des pilons de poulet, mais on peut utiliser les morceaux que l'on préfère. D'ailleurs, l'utilisation de parties différentes de la volaille permet d'obtenir un bouillon plus parfumé tout en offrant des textures variées.

프랑스에는 코코뱅(Coq au vin)이, 일본에는 치쿠젠니(筑前煮)가 있듯, 다양한 문화권에 닭과 채소로 만든 조림 요리가 있다. 닭볶음탕은 한국의 대표적인 닭조림 요리 중 하나다. 닭볶음탕은 다양한 재료를 넣고 오래 끓여야 양념의 맛이 잘 배기 때문에 한국에서는 큰 냄비에 조리하여 여럿이 함께 나누어 먹는 것이 일반적이다. 닭에서 우러나온 깊은 맛과 자극적인 양념의 조합이 식욕을 자극해, 밥반찬으로도, 술안주로도 인기가 많다. 방탄소년단표 닭볶음탕에는 닭 다리 살이 들어갔지만, 여러 부위를 섞어도 상관없다. 다양한 부위를 사용하면 국물의 맛도 풍성해지고 식감도 다양하게 즐길 수 있다.

BON VOYAGE 4 Ep.5

La préparation du *dak-bokkeumtang* est plus facile qu'on ne le pense et nécessite peu d'ingrédients ou d'ustensiles. Ce plat simple, qui se déguste bien chaud, lutte à merveille contre le froid pénétrant d'une journée pluvieuse.

닭볶음탕은 생각보다 조리 과정이 단순하고 필요한 재료나 도구도 많지 않다. 손쉽게 만든 뜨끈한 요리로 비 오는 날의 추위를 잊어 보는 것은 어떨까.

Recette

Pour 4 personnes
4인분

Recette en vidéo

Ingrédients

- ☐ 1 kg de morceaux de poulet sur l'os
- ☐ 1 oignon (200 g)
- ☐ 2 pommes de terre (100 g)
- ☐ 1 poireau (80 g)
- ☐ 625 ml d'eau

Pour l'assaisonnement

- ☐ 4 cuil. à soupe de *gochugaru*
- ☐ 3 ½ cuil. à soupe de sauce soja
- ☐ 3 cuil. à soupe de sucre en poudre
- ☐ 2 cuil. à soupe de *gochujang*
- ☐ 1 ½ cuil. à soupe d'ail haché
- ☐ 2 cuil. à café de sel

- ☐ 손질된 토막 닭 1kg
- ☐ 양파 1개 (200g)
- ☐ 감자 2개 (100g)
- ☐ 대파 1대 (80g)
- ☐ 물 2½컵

양념

- ☐ 고춧가루 4큰술
- ☐ 간장 3½큰술
- ☐ 설탕 3큰술
- ☐ 고추장 2큰술
- ☐ 다진 마늘 1½큰술
- ☐ 소금 2작은술

Astuces

- Si le poulet contient beaucoup de gras, dégraissez-le avant de commencer la recette.
  닭에 기름기가 많이 붙어 있으면 조리 전에 미리 제거한다.
- Si la volaille dégage une odeur ou n'est pas très fraîche, plongez-la quelques minutes dans l'eau bouillante avant de la cuisiner.
  닭에서 누린내가 나거나 신선도가 떨어진다면 끓는 물에 한 번 데쳐 사용한다.
- Si vous le souhaitez, augmentez les proportions de poireau et d'oignon ou même ajoutez du chou grossièrement haché.
  양파나 대파의 양을 늘려도 된다. 큼직하게 썬 양배추를 더해도 잘 어울린다.

Version sans gluten 글루텐 프리

- Utilisez de la sauce soja et du *gochujang* sans gluten. 글루텐 프리 간장, 고추장 사용

Préparation

1

Émincez l'oignon en lanières épaisses, puis détaillez le poireau en tronçons de 5 cm de long. Pelez les pommes de terre et coupez-les en rondelles de 1 cm d'épaisseur.

양파는 굵게 채 썰고, 대파는 5cm 길이로 썬다.
감자는 껍질을 벗기고 1cm 두께로 썬다.

2

Réunissez tous les ingrédients de l'assaisonnement dans un bol et mélangez bien.

볼에 양념 재료를 모두 넣고 고루 섞는다.

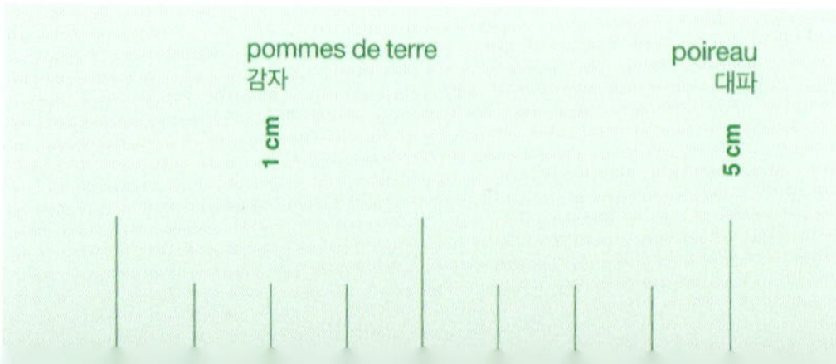

3

Mettez le poulet et les légumes préparés à l'étape ❶ dans une cocotte ou une sauteuse. Ajoutez l'assaisonnement et l'eau, et portez à ébullition.

냄비 또는 깊이가 깊은 팬에 닭과 손질한 채소, 양념을 모두 넣고 물을 부어 끓인다.

Astuce

Si les morceaux de viande sont épais, entaillez-les à plusieurs endroits à l'aide d'un couteau pour accélérer la cuisson.

두툼한 고기는 칼집을 넣으면 더 빨리 익힐 수 있다.

4

Quand le plat commence à bouillir, laissez mijoter à feu moyen 20 à 30 minutes. Le poulet et les légumes doivent être immergés dans le bouillon.

물이 끓으면 중불에서 20~30분간 더 끓인다. 닭과 채소에 양념이 깊이 배어들 때까지 기다린다.

Comment aimes-tu le poulet *dak-bokkeumtang* ?
닭볶음탕 속 닭고기 취향은?

Sur l'os
빼 있는 닭고기

RM

Jin

SUGA

j-hope

Jimin

Jung Kook

Résultats basés sur les véritables réponses données par les membres de BTS.
방탄소년단의 실제 응답을 정리한 내용입니다.

Désossé

순살 닭고기

V

HOTTER?
SWEETER!
COOLER?
BUTTER!

GET IT, LET IT ROLL

③ Pour les petits creux

Nurungji-gwaja (Biscuits de riz grillé) 누룽지 과자
Bungeobbang (Pains carpes) 붕어빵
Hotteok (Galettes grillées fourrées au sucre) 호떡

Nurungi-gwaja
Bungeobbang
Hotteok

Nurungji-gwaja

Biscuits de riz grillé
누룽지 과자

SANS GLUTEN
SANS OLÉAGINEUX
CROUSTILLANTS
RÔTIS ET FRITS
BISCUITS

Difficulté
DIFFICILE

Version **végane** possible
비건 재료로 조리 가능

Bungeobbang

Pains carpes
붕어빵

SANS OLÉAGINEUX
CROUSTILLANTS À L'EXTÉRIEUR, MOELLEUX À L'INTÉRIEUR
CUITS AU FOUR
PAINS

Difficulté
MOYEN

Versions **végane** et **sans gluten** possibles
비건 또는 **글루텐 프리** 재료로 조리 가능

Hotteok

Galettes grillées fourrées au sucre
호떡

SUCRÉES
GRILLÉES
GALETTES

Difficulté
DIFFICILE

Versions **végane, sans gluten** ou **sans oléagineux** possibles
비건, 글루텐 프리 또는 **견과류 프리** 재료로 조리 가능

Nurungji-gwaja

Biscuits de riz grillé 누룽지 과자

In the SOOP 1 Ep.4

V
Parfois, quand je suis à la maison avec ma mère, elle me prépare certains goûters. Je peux être en train de travailler, de regarder la télé, de jouer à un jeu ou autre, et elle cuisine des petites douceurs rien que pour moi. Elles sont tellement bonnes que j'ai voulu apprendre certaines de ses recettes.

뷔
집에 가끔씩 엄마랑 같이 있으면, 엄마가 제 간식으로 해 주는 것들이 있어요. 작업을 하든, 티비를 보든, 게임을 하든, 뭘 할 때마다 엄마가 간식거리를 만들어서 주시는데, 몇 개는 제가 너무 배우고 싶은 거예요, 너무 맛있어서.

Dans la saison 1 de la série *In the SOOP*, un matin de détente, V prépare pour Jin et j-hope des biscuits sucrés appelés *nurungji-gwaja* et constitués de grains de riz que l'on aplatit contre le fond de la poêle pour qu'ils attachent. Il s'agit d'un encas que la mère de V lui préparait souvent. V prend soin de suivre à la lettre sa recette, mais déplore de ne parvenir à reproduire que 30 % du goût des biscuits de son enfance, alors qu'il se donne à plus de 100 % dans cette tâche pour ses membres… Découvrons les *nurungji-gwaja*, une vraie madeleine de Proust pour V !

어느 나른한 <인더숲 1>에서의 아침. 뷔가 진과 제이홉에게 달콤한 간식, 누룽지 과자를 선사했다. 밥알을 한데 모아 꾹꾹 눌러 가며 만든 이 누룽지 과자는 뷔의 어머니가 종종 만들어 주시던 간식이다. 뷔는 어머니의 레시피를 따라 열심히 만들어 보았지만, 어머니 손맛의 30%에 밖에 미치지 못한 것 같아 아쉬워했다. 하지만 멤버들을 위한 정성만큼은 100% 이상이었을 것이다. 뷔의 추억이 가득한 음식, 누룽지 과자를 소개한다.

Le mot *nurungji* désigne la couche de grains durcie qui attache au fond du cuiseur à riz ou de la cocotte lors de la cuisson du riz. Bien que le *nurungji* soit du riz, sa couleur, sa texture et son goût sont totalement différents : le riz est blanc, moelleux et offre une odeur caractéristique, tandis que le *nurungji*, dont l'odeur évoque la noisette, est brun et dur. Parfois, les Coréens laissent délibérément attacher leur riz cuit au fond du récipient de cuisson afin de profiter de la saveur rustique si particulière de ce mets. Si l'on en plonge des morceaux dans l'huile chaude, puis qu'on les saupoudre de sucre, le riz basique et rassasiant devient une confiserie douce et croustillante appelée *nurungji-gwaja*. On peut même les saupoudrer d'un peu de cannelle pour un goût qui se rapproche de celui des churros !

sungnyung 숭늉

nurungji 누룽지

누룽지는 밥을 지은 후 밥솥이나 냄비 바닥에 단단하게 눌어붙은 밥을 뜻한다. 같은 쌀과 물로 만든 흰쌀밥과 비교했을 때 누룽지는 색과 식감, 향까지 모두 다르다. 흰밥은 희고 부드러우면서 쌀 특유의 향이 나는데, 누룽지는 노릇노릇하고 단단하며 구수한 향이 난다. 한국인들은 가끔 구수한 누룽지 맛이 그리울 때, 잘 지은 흰밥을 일부러 프라이팬에 지져 누룽지를 만들기도 한다. 노릇하게 구워진 누룽지를 기름에 튀기고 설탕까지 뿌리면, 든든한 한 끼 식사였던 흰밥이 어느새 바삭하고 달콤한 간식인 누룽지 과자로 변신한다. 여기에 시나몬 파우더를 더하면 추로스와 같은 풍미로도 즐길 수 있다.

Le *nurungji* peut aussi servir à confectionner le *sungnyung* : pour cela, alors qu'il est encore attaché au fond du récipient, on l'arrose d'eau, puis on porte le tout à ébullition afin d'obtenir une préparation semblable à un porridge. Cette bouillie offre un goût plus marqué que la bouillie de riz classique, et les grains conservent davantage de mâche. Très doux pour l'estomac, le *sungnyung* est parfait en guise de repas léger. Si l'on résume, le *nurungji* peut donc servir à préparer des biscuits croustillants à déguster en encas ou un *sungnyung* onctueux pour un plat léger !

누룽지는 달콤한 과자 대신 숭늉으로도 변신이 가능하다. 숭늉은 냄비 바닥에 눌어붙은 누룽지에 물을 부어 죽처럼 끓인 것이다. 일반적인 흰죽보다 더 구수한 맛이 나고 쌀알의 식감도 살아있다. 숭늉은 소화도 잘 되어, 부담 없이 속을 채워 주는 한 끼 식사로도 딱이다. 이처럼 누룽지는 바삭바삭한 과자로 만들어 간식으로 즐길 수도 있고, 부드러운 숭늉으로 만들어 식사를 대신할 수도 있다.

Que préfèrent les membres de BTS : les *nurungji-gwaja* ou le *sungnyung* ?

방탄소년단은 누룽지 과자와 숭늉 중 무엇을 더 좋아할까?

→ pages 124-125

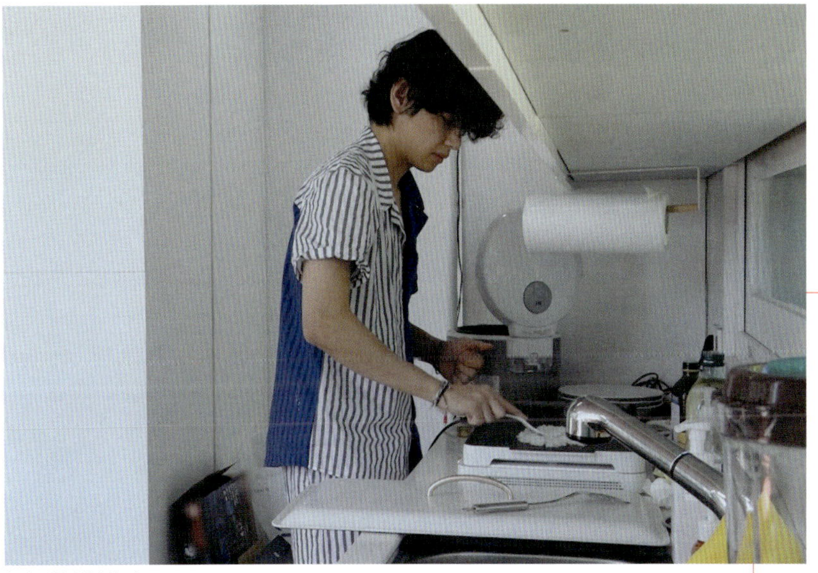

In the SOOP 1 Ep.4

Si vous avez envie d'offrir une petite douceur maison à l'élu(e) de votre cœur, pensez aux *nurungji-gwaja* ! Aplatissez le riz au fond de la cocotte avec amour pour le griller, puis saupoudrez-le de 1 cuillerée de sucre ou de cannelle en poudre. Bien sûr, rien n'empêche de se gâter soi-même et de garder les biscuits pour les dévorer tous !

사랑하는 사람에게 정성이 담긴 간식을 만들어 주고 싶다면 누룽지 과자를 추천한다. 애정을 담아 꾹꾹 눌러 구운 누룽지에 달콤한 설탕이나 시나몬 가루를 한 스푼 추가해 보자. 나 자신을 위해 만들어 보아도 좋다.

Recette

Pour 15 biscuits de 7 cm de diamètre
지름 7cm 크기 15개

Recette en vidéo

Ingrédients

- ☐ 200 g de riz cru
- ☐ 310 ml d'eau
- ☐ 3 cuil. à soupe de sucre en poudre
- ☐ Huile de friture

- ☐ 쌀 1컵 (200g)
- ☐ 물 1¼컵
- ☐ 설탕 3큰술
- ☐ 식용유 적당량

Ustensile

- ☐ Grille de refroidissement

도구

- ☐ 식힘망

Astuce

- Utilisez du riz rond gluant. Les variétés telles que le riz thaï ou basmati ne conviennent pas pour cette recette, car les grains ne collent pas.
  쌀은 찰기가 있는 품종을 사용한다. 재스민 쌀이나 바스마티 쌀처럼 찰기가 없는 쌀은 잘 뭉쳐지지 않아 누룽지를 만들기 어렵다.

Version végane 비건

- Utilisez du sucre végan. 비건 설탕 사용

Préparation

1

Cuisez le riz.

밥을 준비한다.

→ pages 18~19

Astuce

Si le riz cuit est froid, réchauffez-le au four micro-ondes pour que les grains collent mieux.

밥이 식어 있다면 전자레인지로 따뜻하게 데워 사용한다. 따뜻한 밥을 사용해야 밥알이 잘 흩어지지 않는다.

2

Façonnez le riz en boulettes de 5 cm de diamètre.

밥을 적당량 떠서 지름 5cm 크기의 공 모양으로 빚는다.

Astuce

Enduisez-vous les mains d'un peu d'huile pour que le riz ne colle pas à la peau. Vous pouvez faire de même avec la spatule qui vous servira à l'étape suivante.

손에 식용유를 약간 바르면 밥알이 달라붙지 않는다. 다음 순서를 위해 뒤집개에도 미리 식용유를 발라 둔다.

3

Versez 1 cuillerée à soupe d'huile de friture dans une poêle chaude, puis répartissez-la sur tout le fond à l'aide d'un morceau de papier absorbant. Déposez les boulettes de riz et cuisez-les à feu moyen-doux tout en les aplatissant à l'aide d'une spatule.

뜨겁게 달군 팬에 식용유를 1큰술 넣고 키친타월로 전체 면을 가볍게 닦아 팬을 기름으로 코팅한다. 빚어둔 밥을 팬에 올리고, 뒤집개로 납작하게 눌러 가며 중약불에서 굽는다.

4

Sortez les galettes de la poêle lorsqu'elles sont dures et dorées et laissez-les refroidir un moment sur une grille.

밥이 단단하고 노릇하게 구워지면 팬에서 꺼내고, 식힘망에 올려 잠시 식힌다.

5

Versez de l'huile de friture dans une cocotte et chauffez-la jusqu'à ce que la température atteigne 165 à 175 °C. Plongez les galettes de riz dans l'huile et cuisez-les 4 à 5 minutes, jusqu'à ce qu'elles soient bien dorées. Retournez-les 2 ou 3 fois en cours de cuisson.

식용유의 온도가 165~175˚C가 되도록 달군 뒤, 구워둔 밥을 넣고 연한 갈색이 될 때까지 4~5분간 튀긴다. 중간에 2~3차례 뒤집는다.

Astuce

Déposez 1 pincée de grains de riz dans l'huile ; s'ils remontent immédiatement à la surface, l'huile est à bonne température !
식용유에 밥알을 조금 떼어 넣었을 때 밥알이 바로 떠오르면 기름이 밥을 튀기기에 알맞은 온도로 달구어진 것이다.

6

Sortez les galettes de riz de la cocotte et saupoudrez le dessus de sucre.

튀겨진 밥을 꺼내고, 설탕을 뿌린다.

Astuce

Saupoudrez les galettes de sucre quand elles sont chaudes pour qu'il adhère au riz.
설탕은 밥이 갓 튀겨져 뜨거울 때 뿌려야 잘 달라붙는다.

Le choix de BTS

Comment préfères-tu manger le *nurungji* ?
누룽지를 먹을 때,

Moelleux, version *sungnyung*
부드럽게 숭늉으로~

Jin

SUGA

j-hope

Jimin

Jung Kook

Résultats basés sur les véritables réponses données par les membres de BTS.
방탄소년단의 실제 응답을 정리한 내용입니다.

Croustillant, version *nurungji-gwaja*

바삭하게 과자로!

RM

Les deux !

둘 다 좋은걸요?

V

Bungeobbang

Pains carpes 붕어빵

SUGA
Je n'ai pas mangé de *bungeobbang* comme celui-ci à une échoppe de rue, depuis bien longtemps.
RM
C'est vraiment très bon, les *bungeobbang*. On n'en voit plus beaucoup aujourd'hui, comme les *hotteok*.
j-hope
Wouah, ça fait une éternité que je n'ai pas mangé de *bungeobbang*.

슈가
이런 길거리 붕어빵 진짜 오랜만에 먹는다.
RM
붕어빵 맛있죠. 요즘 잘 안 팔아요. 호떡도 잘 안 팔고.
제이홉
와, 나 붕어빵 먹은 지 진짜 오래 됐는데.

[EPISODE] BTS(방탄소년단) @MGA

Chaque fois que des *bungeobbang* apparaissent en loge, tous les membres de BTS poussent des cris de joie ! Parfois, ils les prennent en photo et publient celles-ci sur les réseaux sociaux afin de partager ce moment de délice avec les ARMY. Mais quel est le goût de ce petit pâté en forme de poisson et pourquoi réjouit-il autant les membres du groupe ? Son nom signifiant « pain carpe », s'agit-il alors d'une sorte de pain fourré au poisson ? Voyons de plus près ce qu'est cet encas intrigant…

방탄소년단의 대기실에 붕어빵이 나타났다 하면 멤버들은 기쁨을 감추지 못하고 환호한다. 또한 직접 찍은 붕어빵 사진을 소셜 미디어에 올려 기분 좋은 그 순간을 아미와 공유하기도 한다. 물고기 모양을 한 이 빵은 대체 어떤 맛이길래 이토록 멤버들을 행복하게 만드는 것일까? 그리고 '붕어'와 '빵'이라니, 혹시 빵 속에 생선이 들어간 것일까? 호기심을 자극하는 이 간식의 정체를 알아보자.

Le *bungeobbang* est une pâtisserie composée d'une pâte à base de farine de froment et fourrée d'une pâte aux haricots rouges sucrée. Elle est cuite dans un moule en métal en forme de poisson. C'est cette dernière qui lui donne son nom – *bungeobbang* signifie « pain carpe » –, car en réalité, elle ne contient pas un gramme de poisson ! Une bouchée de *bungeobbang* permet de savourer la délicieuse harmonie que forment la pâte croustillante et le fourrage moelleux, un mariage prisé par de nombreux Coréens.
En Corée, les *bungeobbang* sont généralement vendus dans la rue. Ils sont très populaires l'hiver, car tout juste sortis du gril, ils permettent de se réchauffer les mains, comme des petites bouillottes ! Quand les températures baissent, des stands mobiles présentant des photos de ces encas commencent à fleurir dans les rues. Si la plupart des commerces acceptent les paiements par carte bancaire, certaines de ces échoppes ne prennent que l'argent liquide. C'est la raison pour laquelle les amateurs de *bungeobbang* veillent à toujours avoir sur eux des billets de 1 000 wons quand ils se promènent dans les rues l'hiver !

붕어빵은 붕어 모양의 금속 틀에 밀가루 반죽과 팥을 넣고 구워 만든 빵이다. 모양 때문에 붕어빵이라는 이름이 붙었을 뿐, 진짜 붕어가 들어가지는 않는다. 노릇하게 구워진 붕어빵을 한입 베어 물면 바삭바삭한 빵 속 촉촉한 팥 앙금의 맛이 입안 가득 퍼진다. 그야말로 겉은 바삭하고 속은 촉촉한, 한국인이 사랑하는 맛이다.
한국에서 붕어빵은 보통 길거리 포장마차에서 판매된다. 갓 구워져 나온 붕어빵은 시린 손을 핫팩처럼 따뜻하게 데워 주어 겨울철에 인기가 많은데, 코끝이 서늘해질 즘이면 붕어빵 그림이 붙은 포장마차가 거리에 보이기 시작한다. 신용카드 결제가 일반적인 한국이지만, 길거리 포장마차의 경우 간혹 현금 결제만 가능한 곳도 있다. 이 때문에 붕어빵을 좋아하는 사람들은 겨울이 되면 주머니에 천 원짜리 지폐 몇 장을 일부러 챙겨 다니기도 한다.

[EPISODE] BTS(방탄소년단) @MGA

À la vue des *bungeobbang*, Jimin se met à sauter d'excitation dans toute la loge, chapardant un morceau de chacun de ces délices que tiennent dans leurs mains ses amis. La question est maintenant de savoir si les membres commencent leur pâtisserie par la tête ou par la queue. Pourquoi c'est important ? Généralement, on tient le *bungeobbang* dans sa main et on commence à le manger par un bout, la tête ou la queue. Le goût de cette première bouchée est alors différent selon l'extrémité que l'on choisit, car la quantité de fourrage n'est pas la même. Une décision bien difficile à prendre pour bon nombre de Coréens !

간식을 보고 신이 난 지민은 대기실을 폴짝폴짝 뛰어다니며 멤버들의 붕어빵을 한 입씩 베어 먹었다. 그런데 멤버들은 붕어빵을 먹을 때 머리부터 먹었을까, 꼬리부터 먹었을까? 그게 갑자기 무슨 상관이냐고? 붕어빵은 주로 손으로 들고 먹는데, 보통은 양쪽 끝부분인 머리나 꼬리 중 한쪽을 먼저 베어 물게 된다. 어느 쪽에 팥이 많이 들었는지에 따라 처음 느끼는 맛이 달라지기 때문에, 한국인들은 붕어빵을 먹을 때 머리부터 먹을지 꼬리부터 먹을지 그 나름대로 심각한 고민에 빠진다.

Par quelle extrémité les membres de BTS entament-ils le *bungeobbang* ?

방탄소년단은 붕어빵을 먹을 때 어느 쪽부터 먹을까?

→ pages 138-139

Le plus souvent, le *bungeobbang* est fourré à la pâte de haricots rouges, mais des préparations moins traditionnelles ont fait leur apparition ces dernières années : chocolat, crème pâtissière, patate douce, voire garnitures pour pizzas...
Après la pâte de haricots rouges, le fourrage le plus courant est celui à base d'une sorte de crème pâtissière. De nombreux stands de rue proposent les deux, généralement au même prix ; le choix s'avère donc être un véritable dilemme pour de nombreux Coréens, tout comme celui de commencer leur *bungeobbang* par la tête ou la queue !

붕어빵은 주로 속에 팥을 넣어 만들지만, 요즘은 팥 이외에 초콜릿, 슈크림, 고구마, 심지어는 피자 토핑까지 들어간다. 그중 팥 붕어빵 다음으로 가장 흔한 것이 슈크림 붕어빵이다. 한국에서는 많은 가게에서 팥 붕어빵과 슈크림 붕어빵을 모두 판매한다. 그리고 대부분 둘의 가격도 같기 때문에 '팥 붕어빵이냐, 슈크림 붕어빵이냐' 의 문제 또한 '머리부터 먹느냐 꼬리부터 먹느냐' 문제만큼이나 사람들을 깊은 고민에 빠뜨리곤 한다.

[EPISODE] BTS(방탄소년단) @MGA

[EPISODE] BTS(방탄소년단) @MGA

S'il fait froid et que vous avez envie d'un encas qui réchauffe, pensez aux *bungeobbang* ! Vous pouvez les glisser dans un sac en papier comme ceux vendus dans les rues coréennes et les dévorer un par un... N'oubliez pas de souffler dessus pour les refroidir un peu avant de mordre dedans !

으슬으슬 추운 날 몸을 따뜻하게 녹여 줄 간식이 생각난다면, 붕어빵을 만들어 먹을 때가 왔다는 것이다. 이왕이면 한국의 길거리에서 파는 것처럼 종이봉투에 담고, 하나씩 꺼내 호호 불어 먹어 보자.

Recette

Pour 10 *bungeobbang* de 13 cm de long
13cm 길이 10개

Recette en vidéo

Ingrédients

Pour la pâte de haricots rouges
- ☐ 75 g de haricots rouges
- ☐ 50 g de sucre en poudre
- ☐ ¼ de cuil. à café de sel

Pour la pâte
- ☐ 200 g de farine de froment (tous usages ou à gâteaux)
- ☐ 2 cuil. à café de levure chimique
- ☐ 1 œuf
- ☐ 2 cuil. à soupe de sucre en poudre
- ☐ 170 ml de lait
- ☐ 85 ml d'eau

Ustensile
- ☐ Moule à *bungeobbang* ou à panini

팥 앙금
- ☐ 팥 ⅓컵 (75g)
- ☐ 설탕 ¼컵 (50g)
- ☐ 소금 ¼작은술

반죽
- ☐ 밀가루 (중력분 또는 박력분) 1⅓컵 (200g)
- ☐ 베이킹파우더 2작은술
- ☐ 달걀 1개
- ☐ 설탕 2큰술
- ☐ 우유 ⅔컵
- ☐ 물 ⅓컵

도구
- ☐ 붕어빵 틀 혹은 사방이 막힌 샌드위치 메이커

Astuces

- N'hésitez pas à remplacer la pâte de haricots rouges par de la crème pâtissière ou de la confiture épaisse, des marshmallows et du chocolat, de la crème de marrons ou de la confiture de noix de coco. Utilisez la garniture que vous préférez !
  붕어빵 속 재료는 팥 앙금 대신 농도가 진한 슈크림이나 진하게 졸인 과일잼, 마시멜로와 초콜릿, 밤잼, 카야잼 등을 넣어 응용할 수 있다. 취향에 맞게 다양한 붕어빵을 만들어 보자.
- Si vous le souhaitez, utilisez un mélange pour crêpes tout prêt au lieu de la pâte traditionnelle.
  팬케이크 믹스가 있다면 위에 언급된 반죽 재료 대신 팬케이크 믹스로 반죽을 만들어 사용해도 된다.

Version végane 비건

- Utilisez du sucre végan. 비건 설탕 사용
- Remplacez les ingrédients de la pâte par un mélange pour crêpes végan tout prêt. 반죽 재료 대신 비건 팬케이크 믹스 사용

Version sans gluten 글루텐 프리

- Remplacez les ingrédients de la pâte par un mélange pour crêpes sans gluten tout prêt.
  반죽 재료 대신 글루텐 프리 팬케이크 믹스 사용

Préparation

1

Versez les haricots rouges dans une casserole. Couvrez d'eau à fleur et portez à ébullition. Égouttez au bout de 3 minutes, puis versez de l'eau dans la casserole – comptez au moins 4 fois le volume de haricots – et cuisez à feu moyen, jusqu'à ce que les haricots soient tendres.

냄비에 팥 ⅓컵과 팥이 살짝 잠길 정도의 물을 붓고 끓인다. 물이 끓으면 3분 뒤 물을 따라 내어 버린다. 그 다음 팥의 4배 이상 되는 물을 붓고, 중불에서 팥이 부드럽게 익을 때까지 끓인다.

Astuces

- Égouttez soigneusement les haricots avant de les cuire véritablement, afin d'éliminer la substance amère qu'ils ont libérée.
  팥을 삶을 때 떫은맛이 우러나므로 처음 끓인 물은 반드시 버린다.
- Pendant toute la cuisson des haricots, veillez à ce qu'ils soient bien immergés dans l'eau – rajoutez-en si nécessaire.
  팥이 부드럽게 익을 때까지 항상 물에 잠겨 있도록 물을 보충한다.

2

Quand les haricots s'écrasent facilement sous le dos d'une cuillère, mixez-les grossièrement au mixeur plongeant. Ajoutez le sucre et le sel, puis cuisez le tout à feu doux jusqu'à l'obtention d'une pâte aussi épaisse qu'une purée de pommes de terre. Éteignez alors le feu et laissez refroidir.

팥이 숟가락으로 눌렀을 때 부드럽게 으깨질 정도로 익으면 핸드 블렌더로 큼직하게 으깬다. 그 다음, 설탕과 소금을 넣고 약불에서 졸인다. 팥이 으깬 감자처럼 되직해지면 불을 끄고 팥 앙금을 식힌다.

Astuce

Assurez-vous de bien attendre que les haricots rouges soient assez mous avant d'ajouter le sucre et le sel. Un ajout trop tôt les empêcherait de ramollir.
설탕과 소금을 일찍 넣으면 팥이 부드럽게 익지 않으므로 팥이 으깨질 정도로 부드럽게 익은 다음에 설탕과 소금을 넣는다.

3

Tamisez la farine et la levure chimique dans un saladier, puis ajoutez les autres ingrédients de la pâte et mélangez le tout. Battez avec un fouet pour éviter les grumeaux.

밀가루와 베이킹파우더를 체에 내리고, 나머지 반죽 재료와 함께 섞는다. 뭉친 덩어리가 없어질 때까지 거품기로 고루 푼다.

4

Chauffez le moule à *bungeobbang*. Huilez les empreintes, puis versez-y la pâte en les remplissant au tiers. Prélevez avec une cuillère de la pâte de haricots rouges, façonnez-la en un boudin long et plat, et déposez-en un au milieu de chaque empreinte.

붕어빵 틀을 뜨겁게 달군 다음, 틀 안쪽에 식용유를 바르고 반죽을 틀의 ⅓만큼 채운다. ❷ 의 팥앙금을 숟가락으로 적당량 덜어낸 뒤, 길쭉하고 납작한 모양으로 빚어 반죽 중앙에 얹는다.

Astuces

- Versez la pâte dans le moule uniquement lorsque celui-ci est bien chaud. Ainsi, elle ne collera pas à la surface et formera une croûte bien croustillante.
  붕어빵 틀이 충분히 뜨겁게 달구어진 다음 반죽을 부어야 반죽이 틀에 달라붙지 않고 겉면이 바삭해진다.
- Pour verser plus facilement la pâte dans le moule, utilisez une théière !
  반죽을 주전자에 담아두면 더 쉽게 틀에 부을 수 있다.

5

Recouvrez la garniture de haricots rouges de pâte, de manière à en remplir totalement les moules.

팥 앙금 위에 다시 반죽을 고루 부어 붕어빵 틀을 가득 채운다.

6

Refermez le moule et cuisez les *bungeobbang* à feu doux 3 à 4 minutes, jusqu'à ce qu'ils soient dorés des deux côtés.

틀 뚜껑을 덮고 약불에서 양면이 연한 갈색으로 익을 때까지 3~4분간 굽는다.

Astuce

À défaut de moule à *bungeobbang*, utilisez un moule à panini ou à croque-monsieur !

붕어빵 틀이 없다면 사방이 막힌 샌드위치 메이커를 사용해도 된다.

Voici une expression coréenne très courante :
겉바속촉 (croustillant à l'extérieur et moelleux à l'intérieur) !

Les Coréens aiment à raccourcir les phrases longues en abréviations simples. Savez-vous que l'expression « croustillant à l'extérieur et moelleux à l'intérieur » peut, en coréen, être résumée à quatre caractères seulement, comme ceci : 겉바속촉 (*geot-ba-sok-chok*). Il s'agit de la combinaison de la première syllabe de chacun des mots qui composent l'expression complète, *Geo-tun ba-sak-ba-sak-ha-go so-geun chok-chok-ha-da*, fréquemment utilisée pour décrire des mets grillés ou frits. Alors, le *bungeobbang* que vous avez mangé aujourd'hui était-il 겉바속촉 ?

Par quel bout entames-tu ton *bungeobbang* ?
붕어빵을 먹을 때,

La tête
머리부터 냠냠

Jin

SUGA

j-hope

Jimin

Jung Kook

Résultats basés sur les véritables réponses données par les membres de BTS.
방탄소년단의 실제 응답을 정리한 내용입니다.

La queue

꼬리부터 냠냠

RM

V

Hotteok

Galettes grillées fourrées au sucre 호떡

Twitter @BTS_twt (23 déc. 2018)

Jung Kook
J'en ai préparé quatre, mais j'en ai mangé deux en les cuisant. #on_ne_trouve_plus_beaucoup_de_stands_à_*hotteok*_aujourdhui

정국
원래 네 개인데 굽다가 두 개 먹었어요.
#요즘_호떡집이_잘_안_보이네

[BANGTAN BOMB] Hotteok Time During Break

Comme le *bungeobbang*, le *hotteok* est un plaisir d'hiver très apprécié des membres de BTS. Un jour, RM a partagé une photo d'*hotteok* avec les ARMY sur Weverse, accompagnée d'un message indiquant son envie d'en manger. Au bout d'un moment, RM a fini par en trouver et a publié un selfie où il fait mine de pleurer de joie. Quant à Jung Kook, il a réalisé des *hotteok* chez lui et a publié une photo de son exploit sur Twitter en guise de preuve. Bien qu'il s'agisse d'un autre plat de rue, il est néanmoins possible de le reproduire chez soi pour en profiter pleinement. Faisons à présent connaissance avec le *hotteok* !

호떡은 붕어빵과 마찬가지로 방탄소년단 멤버들이 무척 좋아하는 겨울철 간식이다. RM은 어느 날 문득 위버스에 호떡이 먹고 싶다며 아미들에게 호떡 사진을 공유했다. 그리고 얼마 뒤, 마침내 호떡을 먹게 된 RM은 감동의 눈물을 흘리는시늉을 하며 다시 한번 셀카를 공유했다. 정국은 심지어 집에서 호떡을 만들고 트위터에 인증샷을 남기기도 했다. 길거리 음식 중 하나지만 직접 만들어서라도 먹고 싶은 그 맛, 호떡의 뜨거운 맛을 즐길 시간이다.

Le *hotteok* est composé d'une pâte à base de farine de froment et fourré de sucre roux, entre autres garnitures ; le tout est ensuite cuit sur un gril très chaud et aplati en une galette.

Contrairement au *bungeobbang*, le *hotteok* est constitué d'une pâte levée qui lui donne du moelleux. En revanche, tout comme le *bungeobbang*, cet encas est principalement vendu dans des échoppes de rue, mais aujourd'hui, il est souvent réalisé à la maison, car il ne requiert aucun matériel particulier. De nombreux supermarchés proposent des mélanges tout prêts qui facilitent sa préparation, voire des *hotteok* surgelés qu'il suffit de réchauffer.

Autre avantage de ce petit plat, il se marie à merveille avec toutes sortes de garnitures et fourrages. On peut fendre le côté du pain et le remplir d'oléagineux et de graines – c'est le célèbre *hotteok* aux graines de Busan, la ville natale de Jimin et Jung Kook – ou déposer sur le dessus fumant une boule de crème glacée… une association pour le moins inattendue, mais qui fonctionne !

호떡은 밀가루 반죽에 달콤한 황설탕과 속재료를 넣고 뜨거운 팬에 동그랗게 눌러 구워 만든 간식이다. 붕어빵과 달리 한차례 발효한 반죽을 사용하기 때문에 쫄깃한 식감이 특징이다. 호떡도 붕어빵처럼 주로 길거리 포장마차에서 판매한다. 그러나 요즘은 집에서 간편하게 만들어 먹는 간식으로도 인기 있다. 특별한 도구가 필요 없는 데다, 반죽과 속 재료가 모두 들어 있어 바로 조리해 먹을 수 있는 호떡 믹스나 이미 조리되어 데우기만 하면 되는 냉동 호떡도 슈퍼마켓에서 쉽게 구할 수 있기 때문이다. 또한 호떡은 다양한 토핑과 함께 즐길 수 있다는 매력이 있다. 지민과 정국의 고향인 부산의 명물 '씨앗 호떡'처럼 호떡의 옆면을 갈라 고소한 씨앗과 견과를 가득 채워 먹을 수도 있고, 뜨거운 호떡에 차가운 아이스크림을 한 스쿱 올려 색다른 조화를 즐길 수도 있다.

hotteok aux graines 씨앗 호떡

In the SOOP 1 Ep.4 Behind

Twitter @BTS_twt (19 janv. 2019)

Dans la saison 1 de la série *In the SOOP*, Jung Kook confectionne quelques *hotteok* comme encas après le déjeuner et les partage avec les autres membres du groupe. Jung Kook s'écrie : « Aïe, c'est super chaud ! » quand un peu de fourrage au sucre tombe sur sa main. Tout juste cuit, le *hotteok* est en effet très chaud… et encore plus sa garniture sucrée à l'intérieur de la pâte ! Ainsi, il vaut mieux patienter quelques minutes avant de mordre dedans, même si c'est difficile…

<인더숲 1>에서 정국은 점심을 먹은 후 간식으로 호떡을 구워 멤버들과 나눠 먹은 적이 있다. 이때 정국은 호떡을 먹다가 "앗, 뜨거워!"를 외쳤는데, 호떡 안에 있던 뜨거운 설탕 시럽이 손으로 흘러내렸기 때문이다. 갓 구워낸 호떡은 겉면은 물론, 그 안에 녹아 있는 설탕 시럽도 무척 뜨겁다. 따라서 당장 크게 한입 베어 물고 싶어도 조금만 참고, 호떡이 살짝 식은 다음에 먹는 것을 추천한다.

Les membres de BTS enveloppent le *hotteok* chaud dans un morceau de papier absorbant avant de le déguster. Les vendeurs de rue, eux, plient généralement une feuille de papier épais et glissent le petit pain brûlant à l'intérieur, contre le pli, ou plient le *hotteok* en deux et le mettent dans un gobelet en carton. Ces différentes méthodes permettent de le manger facilement en marchant dans la rue. Toutefois, se servir de ses mains n'est pas la seule manière de manger le *hotteok* : par exemple, dans la saison 2 de *In the SOOP*, V dépose la galette de pâte sur une assiette, puis la recouvre de glace et de coulis de chocolat et la sert avec des baguettes et des fourchettes. En un sens, V démontre ainsi que même un plat de rue tout simple peut se transformer en un dessert élégant quand on le dresse différemment !

In the SOOP 1 Ep.4 Behind

In the SOOP 2 Ep.5

방탄소년단 멤버들은 갓 구운 호떡을 키친타월로 감싸 손에 쥐고 먹었다. 갓 구운 호떡은 매우 뜨거워서, 길거리에서 호떡을 사면 보통 두꺼운 종이를 접어 그 사이에 호떡을 끼워 주거나, 호떡을 반으로 접어 종이컵에 담아 준다. 하지만 호떡을 항상 손에 들고 먹는 것은 아니다. <인더숲 2>에서 뷔는 접시에 호떡을 얹고 그 위에 아이스크림과 초코 시럽을 곁들인 후, 멤버들이 젓가락이나 포크를 사용해 먹을 수 있도록 담아내놓았다. 길거리에서 흔히 먹는 간식도 정성스러운 플레이팅을 거치면 색다른 디저트로 변신할 수 있다는 것을 뷔가 보여 준 셈이다.

Weverse Moment (15 déc. 2020)

Weverse (15 déc. 2020)

Nature ou garni, quel *hotteok* préférez-vous ? Essayez de cuisiner les différentes variétés et comparez vos goûts avec ceux de BTS !

기본에 집중한 호떡과 다양한 토핑을 곁들인 호떡,
여러분의 선택은? 다양한 맛의 호떡을 만들어 보고,
방탄소년단 멤버들과 나의 호떡 취향을 비교해 보자.

Weverse (15 déc. 2020)

Quels sont les *hotteok* préférés de chaque membre de BTS ?

방탄소년단의
호떡 취향은?

→ pages 152-153

Recette

Pour 10 petits pains de 10 cm de diamètre
지름 10cm 크기 10개

Recette en vidéo

Ingrédients

Pour la pâte

- ☐ 270 g de farine de froment (tous usages ou panifiable)
- ☐ 2 cuil. à soupe de sucre en poudre
- ☐ 1 cuil. à café de levure de boulanger
- ☐ ¼ de cuil. à café de sel
- ☐ 190 ml d'eau tiède

반죽

- ☐ 밀가루 (강력분 또는 중력분) 2컵 (270g)
- ☐ 설탕 2큰술
- ☐ 이스트 1작은술
- ☐ 소금 ¼작은술
- ☐ 따뜻한 물 ¾컵

Pour le fourrage

- ☐ 290 g de sucre roux
- ☐ 15 g d'oléagineux
- ☐ 1 cuil. à soupe de cannelle en poudre
- ☐ 1 cuil. à café de fécule de pomme de terre
- ☐ ⅛ de cuil. à café de sel

속 재료

- ☐ 황설탕 1¼컵 (290g)
- ☐ 견과 15g
- ☐ 시나몬 파우더 1큰술
- ☐ 감자 전분 1작은술
- ☐ 소금 ⅛ 작은술

Ustensile

- ☐ Une presse à *hotteok*

도구

- ☐ 누르개

Astuces

- À défaut de sucre roux, utilisez du sucre blanc.
  황설탕이 없다면 백설탕을 써도 된다.
- Les oléagineux et graines les plus couramment utilisés sont les cacahuètes, les graines de courge et les graines de tournesol. Vous pouvez aussi opter pour des amandes, des noix de macadamia, des noisettes ou des noix.
  견과는 보통 땅콩이나 호박씨, 해바라기씨 등을 쓰는데, 아몬드나 마카다미아, 헤이즐넛, 호두 등을 사용해도 된다.
- La fécule permet d'épaissir la garniture et d'éviter qu'elle ne tombe du pain et brûle la peau. Si vous n'en avez pas, remplacez la fécule de pomme de terre par de la fécule de maïs ou omettez-la, simplement !
  속 재료에 전분을 넣으면 점성이 더해지므로 뜨거운 속 재료가 흘러내려 화상을 입는 것을 방지할 수 있다. 속 재료에 들어가는 감자 전분을 구하기 어렵다면 옥수수 전분으로 대체하거나 제외해도 된다.

Version végane 비건

- Utilisez du sucre végan. 비건 설탕 사용

Version sans gluten 글루텐 프리

- Remplacez la farine de froment par 400 g de farine de riz. 밀가루 2컵 (270g) 대신 쌀가루 2½컵 (400g) 사용

Version sans oléagineux 견과류 프리

- Remplacez les oléagineux par des graines de sésame grillées ou n'en mettez pas. 견과를 볶은 깨로 대체 혹은 견과 제외

Préparation

1

Tamisez la farine dans un saladier. Ajoutez le sucre et le sel, puis mélangez bien. Mettez la levure de boulanger dans un bol et délayez-la dans un peu d'eau tiède. Versez dans le saladier, puis pétrissez jusqu'à l'obtention d'une pâte.

밀가루를 체에 내리고, 설탕과 소금을 넣어 고루 섞는다. 따뜻한 물에 이스트를 넣고 녹인 다음, 가루가 담긴 볼에 부어 반죽을 만든다.

2

Couvrez le saladier d'un linge humide et laissez lever 40 à 50 minutes dans un endroit chaud.

젖은 행주로 볼을 덮고 따뜻한 곳에서 40~50분간 발효시킨다.

Astuces

- Vous pouvez faire lever la pâte comme ceci : couvrez le saladier de film alimentaire, puis déposez-le dans un récipient plus grand rempli d'eau tiède. Placez le tout au four à micro-ondes, fermez la porte et laissez lever 40 minutes – mais sans mettre le four en marche !
  반죽이 담긴 볼을 랩으로 감싼 후, 따뜻한 물이 담긴 더 큰 볼에 담그고, 이를 통째로 전자레인지에 넣어 문을 닫은 채 40분간 발효시켜도 된다. (이때, 전자레인지를 작동시키지 않도록 주의한다.)
- La pâte est prête quand elle a plus que doublé de volume.
  반죽이 2배 이상으로 부풀어 오르면 발효가 잘된 것이다.

3

Hachez grossièrement les oléagineux, puis ajoutez tous les autres ingrédients pour le fourrage et mélangez.

견과를 큼직하게 다지고, 속 재료를 모두 넣어 고루 섞는다.

4

Pétrissez la pâte levée et divisez-la en 10 portions égales.

발효되어 부푼 반죽을 다시 가볍게 반죽한 뒤 10등분 한다.

5

Façonnez un pâton en boule, puis appuyez au centre avec le dos d'une cuillère pour former un creux. Remplissez celui-ci de fourrage, puis refermez la pâte tout autour pour l'emprisonner.

반죽을 공 모양으로 빚고, 숟가락으로 가운데를 꾹 누른다. 눌러서 생긴 공간에 속 재료를 듬뿍 넣고 가장자리를 잘 오므린다.

Astuce

Huilez-vous légèrement les mains pour empêcher la pâte de coller.
손에 식용유를 약간 바르면 호떡 반죽이 달라붙지 않는다.

6

Chauffez un gril et huilez-le généreusement. Déposez-y les boules de pâte préparées à l'étape ❺, puis grillez-les à feu doux, en les retournant lorsque le dessous est bien doré.

달궈진 팬에 식용유를 넉넉히 두르고 ❺를 얹는다. 약불에서 굽다가 한쪽 면이 노릇하게 익으면 뒤집는다.

Astuces

- Les *hotteok* doivent cuire dans beaucoup d'huile : comptez-en environ 2 cuillerées à soupe pour 2 ou 3 petits pains.
  호떡을 구울 때에는 팬에 식용유를 넉넉히 둘러야 맛있게 구워진다. 식용유 2큰술을 넣으면 호떡을 2~3개 만들기에 적당하다.
- Cuisez les *hotteok* à feu doux pour que le sucre à l'intérieur fonde uniformément.
  호떡은 약불에서 구워야 속의 설탕이 고르게 녹는다.

7

Une fois retournés, aplatissez les *hotteok* à l'aide de la presse. Poursuivez la cuisson 5 à 6 minutes à feu doux, en retournant les galettes de temps à autre.

뒤집은 호떡을 누르개로 납작하게 누르고, 여러 차례 뒤집어 가며 약불에서 5~6분간 굽는다.

Astuces

- Attention à ne pas appuyer trop fort, sinon les *hotteok* risquent d'éclater et le fourrage de s'échapper !
  호떡을 너무 세게 누르면 호떡이 터지거나 내용물이 새어 나올 수 있으므로 주의한다.
- Si vous ne disposez pas de presse, utilisez une spatule large.
  누르개가 없다면 넓은 뒤집개를 대신 사용해도 된다.

Le choix de BTS

Comment aimes-tu ton *hotteok* ?
호떡을 먹을 때,

Nature
호떡으로 충분해~

Résultats basés sur les véritables réponses données par les membres de BTS.
방탄소년단의 실제 응답을 정리한 내용입니다.

Avec une garniture

토핑을 얹으면 더 맛있다니까요?

Qui est-ce ?

호떡에 토핑을 얹어 먹는 멤버는 누구일까요?

→ pages 244~250

ZERO O'CLOCK

♫ **00:00 (Zero O'Clock)**

AND YOU GONNA BE HAPPY

④ Un petit encas avant d'aller dormir ?

Chicken (Poulet frit coréen) 치킨
Tteokbokki (Gâteaux de riz mijotés) 떡볶이
Ramyeon (Nouilles instantanées coréennes) 라면

Ramyeon
Chicken
Tteokbokki

Chicken

Poulet frit coréen
치킨

SANS OLÉAGINEUX
CROUSTILLANT
FRIT
POULET

Difficulté
DIFFICILE

Tteokbokki

Gâteaux de riz mijotés
떡볶이

SANS OLÉAGINEUX
SUCRÉ ET PIMENTÉ
MIJOTÉ ET SAUTÉ
GÂTEAUX DE RIZ

Difficulté
FACILE

Versions **végane** et **sans gluten** possibles

비건, 글루텐 프리 재료로 조리 가능

Ramyeon

Nouilles instantanées coréennes
라면

ÉPICÉ
BOUILLI
NOUILLES

Difficulté
FACILE

Versions **végane, sans gluten** et **sans oléagineux** possibles

비건, 글루텐 프리 또는 **견과류 프리** 재료로 조리 가능

Chicken

Poulet frit coréen 치킨

In the SOOP 1 Ep.7

V
On devrait ouvrir un restaurant de poulet frit.
SUGA
Poulet BANGTAN !

뷔
우리 치킨집 하자.
슈가
방탄 치킨~

Dans la saison 1 de *In the SOOP*, l'association du poulet frit maison et d'une bière fraîche contribue à rendre une certaine soirée inoubliable aux yeux des membres de BTS. Pourtant, la réalisation du poulet est loin d'avoir été une partie de plaisir : à la première tentative, les garçons n'ont pas réussi à maîtriser la chaleur et se sont retrouvés avec des morceaux de viande carbonisés à l'extérieur et encore crus à l'intérieur. Mais hors de question d'abandonner si facilement ! Ils ont essayé, encore et encore, jusqu'à obtenir un plat de poulet délicieux. Cette collation nocturne leur a tellement plu qu'ils se sont imaginés pouvoir ouvrir un restaurant de poulet frit. Mais en quoi le poulet frit coréen diffère-t-il des autres plats de ce type que l'on trouve dans d'autres pays ?

직접 만든 치킨과 시원한 맥주의 조합은 방탄소년단에게 <인더숲 1>에서 잊지 못할 밤을 선물했나. 사실 치킨을 만들기란 쉬운 일이 아니었다. 첫 도전에서 불 조절이 익숙하지 않았던 멤버들은 결국 겉은 타고 속은 덜 익은 치킨을 만들었다. 하지만, 여기에서 멈출 방탄소년단이 아니다. 그들은 도전을 거듭한 끝에, 마침내 성공적으로 치킨을 튀겨 냈다! 치킨집을 하나 차려도 되겠다는 생각이 들 정도로 맛있었던 야식, 치킨. 한국의 치킨은 세계 각국의 닭튀김 요리와 어떤 점이 다를까?

Le mot coréen 치킨 provient de l'anglais *chicken*, qui se prononce « tchikine » en Corée. Si le terme anglais désigne à la fois l'animal et sa viande, le *chicken* coréen fait uniquement référence au poulet frit à la coréenne. Ce plat est constitué de morceaux de poulet enrobés d'une pâte légère qui le rend croustillant à l'extérieur et tendre à l'intérieur.

Il s'agit de l'un des plats à se faire livrer les plus appréciés du pays. La livraison étant disponible jusque tard dans la nuit, le *chicken* est très populaire depuis longtemps auprès des Coréens pour combler leurs petites fringales nocturnes. Si l'on trouve le plat trop gras, on peut l'associer à une boisson pétillante ou à une bière bien fraîche qui rafraîchira le palais et permettra d'apprécier encore davantage la saveur de la viande juteuse.

치킨이라는 이름은 영어 chicken을 한국어로 음차한 것인데, 영어 단어 chicken은 닭이라는 동물 혹은 그 고기를 의미하는 반면, 한국어 단어 '치킨'은 메뉴로서의 한국식 프라이드치킨류를 통칭한다. 한국식 프라이드치킨은 닭고기에 튀김옷을 얇게 입혀 겉은 바삭하고 속은 촉촉한 것이 특징이다. 한국에서 치킨은 대표적인 배달 전문 메뉴이기도 하다. 게다가 밤늦게까지 배달이 가능한 가게도 많아서 치킨은 오랜 시간 한국인의 출출한 밤을 책임지고 있는 메뉴다. 치킨의 기름진 맛이 부담스럽다면 톡 쏘는 탄산음료나 맥주를 곁들여 보자. 시원한 음료 한 모금이 입안을 개운하게 하고, 촉촉한 닭살의 맛을 더욱 풍성하게 느끼게 해 줄 것이다.

C'est la sauce d'accompagnement imaginée par Jung Kook qui rend le poulet frit de BTS encore plus spécial. Elle doit sa saveur particulière surtout à la présence de *gochujang* et de *mulyeot*, le sirop de maïs coréen. Le parfum épicé du *gochujang* et la douceur du *mulyeot* composent une synergie exceptionnelle. Toutefois, le poulet frit peut être servi avec d'autres accompagnements ou assaisonnements : on peut notamment l'enrober de glaçage à la sauce soja, l'aromatiser de fromage en poudre, ou le surmonter de fines rondelles d'oignon vert ou de poireau. En raison de la grande variété des accompagnements disponibles, les Coréens commandent souvent du poulet « moitié moitié » – c'est-à-dire séparé en deux portions différentes –, l'association la plus courante étant moitié nature et moitié assaisonné.

방탄소년단표 치킨을 더욱 빛나게 해준 것은 정국이 만든 양념 소스였다. 한국식 양념 소스는 보통 고추장과 물엿을 넣어 맛을 내는데, 고추장의 매콤함과 물엿의 달콤함이 조화롭게 어우러진다. 양념 소스 외에도 치킨은 여러 소스와 만나 다양한 변신이 가능하다. 간장 소스에 버무려 먹거나, 치즈 가루를 넣어 먹기도 하고, 얇게 썬 파채나 양파를 곁들여 먹기도 한다. 치킨의 종류가 무궁무진한 만큼, 두 종류를 골라 반반씩 주문하는 경우도 많다. 가장 잘 알려진 조합은 양념 치킨 반, 프라이드치킨 반이다.

Quelle est la variante préférée des membres de BTS ?

방탄소년단은 어떤 종류의 치킨을 즐겨 먹을까?

→ pages 174-175

In the SOOP 1 Ep.7

Le poulet cuisiné par BTS est original d'une autre manière, puisqu'il est frit entier et non coupé en morceaux. Dans les années 1960 et 1970 en Corée, il s'agissait de la méthode de cuisson la plus prisée ; au fil du temps, les préférences ont évolué, notamment car la friture de morceaux permet d'obtenir une cuisson plus rapide et homogène. Le poulet frit entier est aujourd'hui appelé « poulet frit à l'ancienne ». Après plusieurs essais, les membres de BTS ont réussi à cuire un poulet entier à la perfection, mais si cela vous semble trop difficile, optez pour la cuisson du poulet en morceaux !

방탄소년단이 만든 치킨에는 독특한 점이 한 가지 더 있다. 바로 닭을 토막 내지 않고 통째로 튀겼다는 점이다. 한국의 1960~70년대에는 지금처럼 토막 낸 치킨보다 통으로 튀겨낸 것이 더 흔했다. 하지만 닭을 빠른 시간 안에 골고루 익히기 위해서 점차 토막 낸 닭을 튀기는 조리법으로 변해 왔다. 때문에 통째로 튀기는 치킨은 이제 '옛날 통닭'이라고 부른다. 방탄소년단은 여러 번의 노력 끝에 통닭을 맛있게 잘 익혔지만, 통닭을 한 번에 튀길 자신이 없다면 토막 닭을 사용하면 된다.

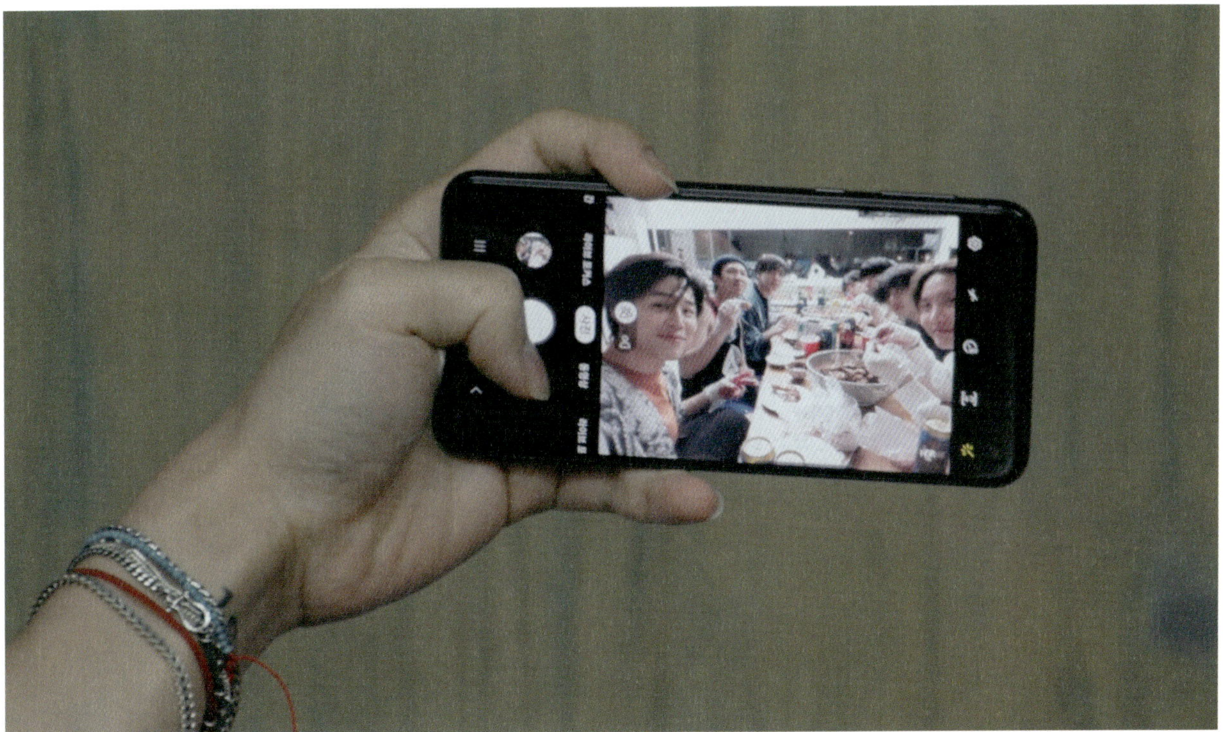

In the SOOP 1 Ep.7

À la fin d'une semaine chargée, si vous avez envie de fêter dignement le vendredi soir, pensez au poulet frit. Le grésillement de l'huile chaude est le signal que le week-end a commencé... Alors, détendez-vous et oubliez le stress de la semaine !

평일을 바쁘게 보낸 당신. 맛있는 음식으로 금요일 밤을 마무리하고 싶다면, 닭고기와 기름을 준비하자. 시원한 튀김 소리로 활기찬 주말의 시작을 알리고, 그간 쌓인 피로를 날려 보는 건 어떨까?

In the SOOP 1 Ep.7

Recette

Pour 2 ou 3 personnes (12 à 14 morceaux)
2~3인분 (12~14조각)

Recette en vidéo

Ingrédients

- ☐ 1 kg de morceaux de poulet sur l'os
- ☐ 2 cuil. à soupe de *cheongju*
- ☐ 1 cuil. à café de sel
- ☐ ½ cuil. à café de poivre noir
- ☐ Huile de friture, en quantité suffisante

- ☐ 손질된 토막 닭 1kg
- ☐ 청주 2큰술
- ☐ 소금 1작은술
- ☐ 후추 ½작은술
- ☐ 식용유 적당량

Pour la pâte

- ☐ 130 g de farine de froment (tous usages ou à gâteaux)
- ☐ 170 g de fécule de pomme de terre
- ☐ 1 cuil. à café de sel
- ☐ 1 cuil. à café de curry en poudre
- ☐ 1 cuil. à café d'ail en poudre
- ☐ 1 cuil. à café d'oignons en poudre
- ☐ ½ cuil. à café de paprika en poudre
- ☐ ½ cuil. à café de poivre noir
- ☐ ½ cuil. à café de gingembre en poudre
- ☐ 250 ml d'eau froide

튀김옷

- ☐ 밀가루 (중력분 또는 박력분) 1컵 (130g)
- ☐ 감자 전분 1컵 (170g)
- ☐ 소금 1작은술
- ☐ 카레 가루 1작은술
- ☐ 마늘 가루 1작은술
- ☐ 양파 가루 1작은술
- ☐ 파프리카 가루 ½작은술
- ☐ 후추 ½작은술
- ☐ 생강 가루 ½작은술
- ☐ 차가운 물 1컵

Astuce

- Vous pouvez remplacer le *cheongju* par du vin blanc.
  청주 대신 화이트 와인을 넣어도 된다.

Préparation

Poulet nature 프라이드치킨 만들기

1

Mettez les morceaux de poulet dans un saladier. Versez le *cheongju*, ajoutez le sel et le poivre noir, puis mélangez bien le tout et laissez mariner au moins 30 minutes.

토막 닭에 청주, 소금, 후추를 뿌리고 고루 섞어 밑간한 뒤, 30분 이상 재워 둔다.

2

Mettez tous les ingrédients de la pâte, à l'exception de l'eau, dans un autre saladier, puis mélangez.

다른 볼을 꺼내어 물을 제외한 튀김옷 재료를 모두 넣고 고루 섞는다.

❸

Plongez les morceaux de poulet de l'étape ❶ dans le saladier contenant les ingrédients secs de la pâte de l'étape ❷, tournez-les pour les en enrober, puis secouez-les pour éliminer l'excédent.

❶ 의 닭에 ❷ 의 튀김옷 가루를 묻히고, 여분의 가루를 털어낸다.

❹

Versez l'eau froide dans le saladier et mélangez jusqu'à l'obtention d'une pâte fluide. Plongez-y les morceaux de poulet de l'étape ❸, puis sortez-les

남은 튀김옷 가루에 차가운 물 1컵을 섞어 튀김옷을 만들고, ❸ 의 닭을 담갔다 꺼낸다.

5

Versez de l'huile de friture dans une cocotte, puis chauffez-la à 165 à 175 °C. Plongez-y les morceaux de poulet et cuisez-les 15 à 18 minutes. Transférez-les sur un morceau de papier absorbant ou dans une passoire et laissez refroidir quelques instants, puis remettez-les dans l'huile chauffée à 180 °C et cuisez-les encore 10 minutes, jusqu'à ce qu'ils soient bien dorés.

식용유의 온도가 165~175℃가 되도록 달군다. 튀김옷을 입힌 닭을 15~18분간 튀기고, 키친타월이나 체에 밭쳐 잠시 식힌다. 그 다음 더 높은 온도(180℃)에서 겉면이 연한 갈색이 될 때까지 10분간 더 튀긴다.

Astuce

La friture en deux fois permet de donner une coloration appétissante au poulet et de le rendre encore plus croustillant. La première cuisson à feu moyen permet d'obtenir une viande cuite à cœur, tandis que la seconde, à feu vif, donne un enrobage bien croustillant.
치킨은 두 번 튀겨야 먹음직스러운 색을 띠고 바삭해진다. 처음 튀길 때에는 중불에서 천천히 튀겨 속을 익히고, 두 번째 튀길 때에는 센 불에서 짧게 튀겨 겉면을 바삭하게 만든다.

Pour 2 ou 3 personnes (12 à 14 morceaux)
2~3인분 (12~14조각)

Ingrédients

Pour la sauce d'accompagnement (pour 6 morceaux)

- ☐ 60 ml de *mulyeot*
- ☐ 60 ml d'eau
- ☐ 1 ½ cuil. à soupe de ketchup
- ☐ 1 ½ cuil. à soupe de *cheongju*
- ☐ 1 ½ cuil. à soupe de sucre en poudre
- ☐ 1 cuil. à soupe d'ail haché
- ☐ 1 cuil. à soupe de sauce soja
- ☐ ½ cuil. à soupe de *gochujang*
- ☐ 1 cuil. à café de *gochugaru*
- ☐ ½ cuil. à café de vinaigre
- ☐ 1 pincée de poivre noir

양념 소스: 6조각 분량

- ☐ 물엿 ¼컵
- ☐ 물 ¼컵
- ☐ 케첩 1½큰술
- ☐ 청주 1½큰술
- ☐ 설탕 1½큰술
- ☐ 다진 마늘 1큰술
- ☐ 간장 1큰술
- ☐ 고추장 ½큰술
- ☐ 고춧가루 1작은술
- ☐ 식초 ½작은술
- ☐ 후추 약간

Pour le glaçage à la sauce soja (pour 6 morceaux)

- ☐ 60 ml d'eau
- ☐ 2 cuil. à soupe de sauce soja
- ☐ 2 cuil. à soupe de sucre en poudre
- ☐ 2 cuil. à soupe de *mulyeot*
- ☐ 1 cuil. à soupe d'ail haché

간장 소스: 6조각 분량

- ☐ 물 ¼컵
- ☐ 간장 2큰술
- ☐ 설탕 2큰술
- ☐ 물엿 2큰술
- ☐ 다진 마늘 1큰술

Radis coréen mariné au vinaigre (pour 1 poulet)

- ☐ 300 g de radis coréen
- ☐ 125 ml d'eau
- ☐ 45 g de sucre en poudre
- ☐ 85 ml de vinaigre
- ☐ ½ cuil. à soupe de sel

치킨 무: 닭 한 마리에 곁들일 분량

- ☐ 무 6cm 길이 (300g)
- ☐ 물 ½컵
- ☐ 설탕 ⅓컵
- ☐ 식초 ⅓컵
- ☐ 소금 ½큰술

Astuces

- Vous pouvez remplacer le *mulyeot* par du sirop de maïs brun ou du sirop de maïs non vanillé. L'ajout de *mulyeot* à la sauce d'accompagnement empêche le poulet de ramollir trop rapidement.
  물엿 대신 다크 콘시럽 또는 바닐라 향이 첨가되지 않은 콘시럽을 사용해도 된다. 양념 소스에 물엿을 넣으면 튀긴 닭에 소스를 묻혔을 때 닭이 쉽게 눅눅해지지 않는다.
- Si vous ne trouvez pas de radis coréen, remplacez-le par du concombre, de la carotte, du céleri ou du radis classique.
  무를 구하기 어렵다면 오이나 당근, 샐러리 또는 래디시로 대체해도 된다.

Préparation Poulet assaisonné 양념 치킨 만들기

1

Versez tous les ingrédients de la sauce d'accompagnement dans une casserole, puis portez à ébullition en remuant à l'aide d'une cuillère.

양념 소스 재료를 냄비에 넣고, 주걱으로 저어 가며 끓인다.

2

Quand la sauce commence à bouillir, plongez 6 morceaux de poulet frit chauds dans la sauce et tournez-les pour les en enrober.

양념 소스가 끓으면 따뜻한 프라이드치킨 6조각을 넣고 버무린다.

Préparation

Poulet glacé à la sauce soja 간장 치킨 만들기

1

Versez tous les ingrédients du glaçage à la sauce soja dans une casserole et laissez bouillir 5 minutes, en remuant à l'aide d'une cuillère.

간장 소스 재료를 냄비에 넣고, 주걱으로 저어 가며 5분간 끓인다.

Astuce

Ajoutez environ 2 piments forts émincés pour relever la sauce !

소스를 끓일 때 청양고추를 2개 정도 썰어 넣으면 매콤한 풍미가 살아난다.

2

Quand l'eau s'évapore et que le glaçage commence à épaissir, plongez-y 6 morceaux de poulet frit chauds et tournez-les pour les en enrober.

소스가 졸아들고 점성이 생기면 따뜻한 프라이드치킨 6조각을 넣고 버무린다.

Préparation

Radis coréen mariné au vinaigre 치킨 무 만들기

1

Détaillez le radis en dés de 1,5 cm et mettez-les dans un saladier.

무를 가로세로 1.5cm 크기로 네모나게 썰어 볼에 담는다.

2

Mélangez le sucre, le vinaigre, l'eau et le sel dans une casserole, puis portez à ébullition. Versez aussitôt sur les dés de radis et laissez refroidir avant de déguster.

냄비에 설탕, 식초, 물, 소금을 넣고 끓인다. 끓기 시작하면 바로 무에 붓는다. 한 김 식으면 먹을 수 있다.

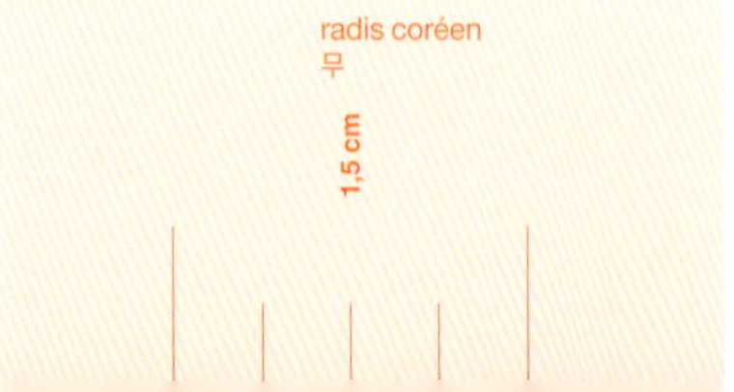

Connaissez-vous le 치맥 (*chimaek*) ?

Tout ARMY qui s'intéresse à la cuisine coréenne a sans doute entendu le mot 치맥 (*chimaek*) au moins une fois, combinaison de la première syllabe de *chicken* et de *maekju* (« bière »). Pour les Coréens, ces deux produits sont indissociables, même si beaucoup d'autres aliments se marient à merveille avec la bière ! Une pizza accompagnée d'une mousse prend le nom de *pimaek* et un hamburger, *hammaek*. Quelle est votre association préférée ?

Le choix de BTS

Quel est ton poulet frit préféré ?
좋아하는 치킨은?

Nature

프라이드치킨

RM

SUGA

j-hope

Jimin

Jung Kook

Assaisonné

양념 치킨

Jin

Glacé à la sauce soja

간장 치킨

V

Gâteaux de riz mijotés 떡볶이

Tteokbokki

In the SOOP 2 Ep.1

Jung Kook
OK. Donc, on va manger du chou.
SUGA
Oui, voilà.
Jung Kook
Alors autant qu'il soit sucré !

정국
그렇지, 양배추 들어가야지.
슈가
그래야지.
정국
그래야 달지

Tout fan de BTS qui regarde leurs *mukbang* les a déjà vus manger du *tteokbokki*, un plat composé de gâteaux de riz et de poisson, généralement plongés dans une sauce rouge.
Le *tteokbokki* a également figuré à la table de BTS dans la saison 2 de *In the SOOP*. En effet, SUGA en cuisine deux marmites à la fois, l'une contenant une sauce rouge, et l'autre une sauce noire. Quelles sont les différences entre les deux plats ? Mais avant tout, qu'est-ce qu'un *tteokbokki*, ce mets que les membres aiment manger ? Tournez la page pour le découvrir !

방탄소년단의 먹방을 좋아하는 아미라면 방탄소년단이 떡볶이를 먹는 모습을 한 번쯤은 본 적이 있을 것이다. 떡과 어묵 등에 빨간색 소스가 버무려져 있는 바로 그 음식이다.
떡볶이는 <인더숲 2>의 식사에서도 어김없이 등장했다. 슈가는 냄비 두 개를 동시에 사용하여, 각각의 냄비에 빨간색과 검은색 소스를 넣었다. 빨간색 떡볶이와 검은색 떡볶이는 맛이 어떻게 다른 걸까? 그 전에, 방탄소년단이 즐겨 먹는 떡볶이는 과연 어떤 음식일까? 떡볶이에 대한 궁금증을 해결하고 싶다면 페이지를 넘겨 보자.

In the SOOP 2 Ep.1

Le *tteokbokki* est un plat à base de gâteaux de riz, de gâteaux de poisson et de légumes mijotés dans de l'eau assaisonnée de *gochujang* et de sucre, jusqu'à l'obtention d'une sauce onctueuse. La teinte rouge de cette dernière laisse présager de son goût bien relevé ! L'ajout de chou et de gâteaux de poisson en quantité supérieure à ce qui est indiqué dans la recette permet d'obtenir une sauce plus douce en renforçant son umami. Il est également possible de réaliser le plat avec différentes sortes de gâteaux de riz pour varier les textures. Les gâteaux de riz offrent du moelleux en bouche et les gâteaux à base de blé, davantage de mâche. Si vous ne parvenez pas à trouver des gâteaux de riz, remplacez-les par des feuilles de riz roulées sur elles-mêmes ; le plat gagnera en texture, mais perdra en calories... Que des avantages !

떡, 어묵 그리고 채소를 고추장, 설탕 등의 양념과 함께 걸쭉하게 끓여 만드는 떡볶이. 빨간 색깔만큼이나 강렬한 매콤함이 특징이다. 매콤한 떡볶이에 양배추와 어묵을 많이 넣으면 국물에 달짝지근한 맛이 우러나 감칠맛이 더 강해진다. 다양한 식감을 경험하고 싶다면, 떡을 바꿔 보아도 좋다. 쌀로 만든 떡을 넣으면 부드러운 식감을, 밀로 만든 떡을 넣으면 쫀득한 식감을 즐길 수 있다. 떡을 구하기 어렵다면 라이스페이퍼를 돌돌 말아 떡 대신 넣어도 된다. 쫄깃한 맛은 유지하고 칼로리는 낮출 수 있으니, 일석이조의 레시피다.

Le *tteokbokki* présenté dans la saison 2 de *In the SOOP*, avec sa sauce noire, est appelé *jjajang tteokbokki*. Contrairement au *tteokbokki* en sauce rouge, plus traditionnel et relevé de *gochujang*, son goût est plus doux grâce au *jjajang*, la sauce à base de haricots. Aujourd'hui, de nombreuses variantes du plat sont venues rejoindre le *jjajang tteokbokki* telles que le *tteokbokki* au curry ou le *tteokbokki* crémeux. Il existe même un *tteokbokki* rosé, qui doit sa couleur au mélange de crème fraîche et de *gochujang* ; la teinte rappelle certaines sauces qui accompagnent parfois les pâtes, mais le goût est totalement différent !

<인더숲 2>에서 빨간 떡볶이 옆에 있던 검은색 떡볶이의 정체는 바로 짜장 떡볶이였다. 고추장으로 매콤한 맛을 낸 '오리지널' 빨간 떡볶이와 달리, 짜장 떡볶이는 춘장으로 만든 순한 맛의 양념이 특징이다. 요즘은 짜장 떡볶이뿐 아니라 카레 떡볶이, 크림 떡볶이 등 다양한 맛의 떡볶이가 등장하고 있다. 심지어 '로제' 떡볶이도 있는데, 이는 고추장 양념에 생크림을 섞은 한국식 로제 소스를 사용한 것으로, 로제 파스타와 색깔은 비슷하나 맛은 전혀 다르다.

In the SOOP 2 Ep.1

In the SOOP 2 Ep.1

Pour accompagner le plat, Jung Kook prépare des rouleaux d'algues frits. En effet, le *tteokbokki* est très souvent associé à des accompagnements frits. Les Coréens aiment commander plusieurs éléments de la carte lorsqu'ils se rendent dans un *bunsikjip* (restaurant de snacks), les plus populaires étant le *tteokbokki*, les encas frits, les *sundae* (prononcez « soun-dae », il s'agit de boudins garnis de vermicelles de riz et de légumes) et les gâteaux de poisson. Les encas frits et les *sundae* peuvent être trempés dans la sauce du *tteokbokki* pour leur donner davantage de saveurs, tandis que les gâteaux de poisson sont servis avec un bouillon chaud pour contrebalancer le goût pimenté du *tteokbokki* et le gras des fritures. Si vous hésitez quant à l'accompagnement de votre plat, suivez les conseils donnés par les membres de BTS !

정국은 떡볶이와 함께 먹기 위해 김말이 튀김을 준비했다. 떡볶이와 튀김은 한국의 대표적인 분식 메뉴인데, 한국인들은 분식을 먹을 때 여러 메뉴를 함께 먹곤 한다. 그중 가장 자주 찾는 메뉴는 떡볶이, 튀김, 순대 그리고 어묵이다. 튀김과 순대는 떡볶이 양념에 찍어 먹으면 간이 잘 맞고, 따뜻한 국물이 곁들여진 어묵은 떡볶이의 매운맛이나 튀김의 기름진 맛을 달래 준다. 떡볶이와 함께 무얼 먹을지 고민 된다면 방탄소년단 멤버들이 추천하는 분식 조합을 참고해 보자.

encas frits 튀김

sundae 순대

Les plats préférés de BTS pour accompagner le *tteokbokki* commandé au *bunsikjip*

방탄소년단의 분식 조합 추천

→ pages 188-189

Une petite fringale nocturne ? Comblez-la par un *tteokbokki* ! Le moelleux des gâteaux de riz et la sauce à la fois sucrée et pimentée satisferont tous vos sens...

늦은 밤, 배도 고프고 입도 심심하다면 가볍게 떡볶이를 만들어 보자. 쫀득한 떡의 식감과 매콤하면서도 달콤한 양념의 맛이 오감을 만족시켜 줄 것이다.

In the SOOP 2 Ep.1

Recette

Pour 2 personnes
2인분

Recette en vidéo

Ingrédients

- ☐ 350 g de gâteaux de riz de la taille d'une bouchée
- ☐ 50 g de gâteau de poisson carré
- ☐ 80 g de chou
- ☐ 50 g d'oignon
- ☐ 20 g de poireau
- ☐ 20 g d'anchois séchés, pour le bouillon
- ☐ 500 ml d'eau

- ☐ 한입 크기의 떡 350g
- ☐ 사각 어묵 1장 (50g)
- ☐ 양배추 80g
- ☐ 양파 ¼개 (50g)
- ☐ 대파 ¼대 (20g)
- ☐ 국물용 멸치 20마리 (20g)
- ☐ 물 2컵

Pour l'assaisonnement

- ☐ 2 ou 3 cuil. à soupe de sucre en poudre
- ☐ 2 cuil. à soupe de *gochugaru*
- ☐ 1 ½ cuil. à soupe de sauce soja
- ☐ 1 cuil. à soupe de *gochujang*
- ☐ 1 cuil. à soupe de *mulyeot*
- ☐ 1 cuil. à café d'ail haché
- ☐ Poivre noir au goût

양념

- ☐ 설탕 2~3큰술
- ☐ 고춧가루 2큰술
- ☐ 간장1 ½큰술
- ☐ 고추장 1큰술
- ☐ 물엿 1큰술
- ☐ 다진 마늘 1작은술
- ☐ 후추 적당량

Astuces

- Si vous ne trouvez pas de gâteaux de riz, remplacez-les par 45 feuilles de riz : humidifiez-les une à une à l'eau froide, empilez-les trois par trois, en appuyant dessus pour chasser les bulles d'air. En commençant par un bord, roulez les feuilles bien serrées, puis détaillez-les en tronçons de la taille d'une bouchée.
  떡볶이 떡을 구하기 어렵다면 라이스페이퍼 45장을 사용해도 된다. 시원한 물에 라이스페이퍼를 한 장씩 적신 다음, 기포가 들어가지 않게 세 장을 겹친다. 한쪽 끝부터 촘촘하게 말고, 먹기 좋은 크기로 자른다. → Recette en vidéo
- Si vous le souhaitez, remplacez le *mulyeot* par du sirop de maïs brun ou du sirop de maïs non vanillé.
  물엿 대신 다크 콘시럽 또는 바닐라 향이 첨가되지 않은 콘시럽을 넣어도 된다.

Version végane 비건

- Ne mettez pas d'anchois dans le bouillon et utilisez de l'eau ou du bouillon de légumes. 멸치를 제외하고 맹물 또는 채소 국물 사용 → page 21
- Remplacez le gâteau de poisson par du tofu frit ou rôti. 어묵 대신 유부 또는 겉면이 연한 갈색이 될 정도로 잘 구운 두부 사용
- Utilisez du sucre végan. 비건 설탕 사용

Version sans gluten 글루텐 프리

- Utilisez des gâteaux de riz, un gâteau de poisson, de la sauce soja et du *gochujang* sans gluten. 글루텐 프리 떡, 어묵, 간장, 고추장 사용

Préparation

1

Détaillez le gâteau de poisson en morceaux de la taille d'une bouchée. Émincez le chou en morceaux de même taille, puis l'oignon en lanières épaisses. Coupez le poireau en tronçons de 5 cm.

어묵을 먹기 좋은 크기로 썬다. 양배추도 어묵과 비슷한 크기로 썰고, 양파는 굵게 채 썬다. 대파는 5cm 길이로 썬다.

2

Ôtez la tête et les intestins des anchois, puis mettez ceux-ci dans une cocotte. Cuisez-les à feu doux 2 à 3 minutes, jusqu'à ce qu'ils soient secs et croustillants. Versez l'eau et portez à ébullition à feu vif.

국물용 멸치의 머리와 내장을 제거하고 냄비에 담아 약불에서 2~3분간 볶는다. 멸치의 수분이 날아가 바삭해지면 물을 넣고 강불에서 끓인다.

3

Baissez à feu doux et laissez encore bouillir 5 minutes, puis sortez les anchois.

국물이 끓으면 약불에서 5분간 더 끓인 뒤, 멸치를 건져낸다.

4

Mettez tous les ingrédients de l'assaisonnement dans un bol, mélangez bien.

볼에 양념 재료를 모두 넣고 고루 섞는다.

Astuce

Déterminez la quantité de sucre de l'assaisonnement en fonction du goût plus ou moins pimenté que vous souhaitez donner à la sauce.

매콤하면서도 달콤한 맛이 되도록 설탕의 양은 취향껏 조절한다.

5

Ajoutez les gâteaux de riz, les morceaux de gâteau de poisson, le chou, l'oignon, le poireau et l'assaisonnement au bouillon aux anchois. Laissez mijoter à feu moyen, jusqu'à ce que les gâteaux de riz soient tendres.

한입 크기의 떡, 어묵, 양배추, 양파, 대파, 양념을 멸치 국물에 넣고 중불에서 떡이 부드럽게 익을 때까지 끓인다.

Avec quoi aimes-tu accompagner le *tteokbokki* ?
떡볶이와 잘 어울리는 분식은?

Des encas frits

튀김이랑 먹어야 제맛이지!

SUGA

j-hope

Jimin

Jung Kook

Résultats basés sur les véritables réponses données par les membres de BTS.
방탄소년단의 실제 응답을 정리한 내용입니다.

Des gâteaux de poisson

어묵이 최고 아닙니까?

RM

Jin

Un *sundae* (boudin de vermicelles de riz)

순대가 얼마나 맛있는데요~

V

Ramyeon

라면

Nouilles instantanées coréennes

In the SOOP 1 Ep.7

j-hope
Les *ramyeon* sont toujours excellents, quelle que soit la manière dont on les cuisine.

제이홉
라면은 대충 끓여도 맛있어.

« Grmrmrrrrrrmrrrrr »… L'estomac manifeste toujours sa faim aux moments les plus inopportuns, notamment au milieu de la nuit, quand les commerces sont fermés ! Mais si vous avez un paquet de *ramyeon* dans le placard, ce problème sera vite résolu, avec un plat délicieux qui plus est !
On pourrait penser qu'un seul paquet de *ramyeon* ne suffit pas à rassasier un organisme affamé, mais si vous imitez la manière dont les membres de BTS les cuisinent, vous verrez que c'est loin d'être le cas ! Voyons donc comment ils s'y prennent pour profiter au mieux de leurs nouilles instantanées coréennes qu'ils adorent…

'꼬르륵'
뱃속을 울리는 소리는 늘 예고 없이 찾아온다. 먹을 것을 사러 나가기에 너무 늦은 캄캄한 밤도 예외는 아니다. 하지만 찬장에 라면 한 봉지만 있으면 재료를 사러 나서지 않아도 순식간에 맛있는 야식을 만들 수 있다. 라면 한 봉지로는 굶주린 배를 채울 수 없을 것 같다고? 방탄소년단이 라면을 만드는 방법을 참고하면 라면 한 봉지도 야심한 밤 출출한 배를 든든히 채워 줄 수 있다. 방탄소년단이 사랑하는 한국식 인스턴트 면 요리, 라면을 더 든든하게 즐기는 방법에 대해 알아보자.

In the SOOP 1 Ep.7

In the SOOP 1 Ep.7

Les *ramyeon* sont des nouilles frites sèches instantanées qui sont accompagnées d'un sachet d'assaisonnement et que l'on prépare en les arrosant d'eau bouillante. Parmi les nombreuses sortes de nouilles instantanées que l'on trouve dans différentes régions du monde, les *ramyeon* coréens se distinguent par leur forme ondulée et le bouillon épicé qui les accompagnent. Toutefois, de plus en plus de variétés font leur apparition, comme les *ramyeon jjajang* ou les *ramyeon* pimentés sautés qui ont une popularité grandissante. Autre détail amusant concernant les *ramyeon* : un même paquet peut servir à créer des goûts complètement différents selon la manière dont on les cuisine. Par exemple, en variant le temps de cuisson dans l'eau bouillante, on obtient des nouilles plus ou moins tendres et ondulées. Malgré le processus simple, le cuisinier dispose de bien d'autres possibilités pour varier les saveurs : il peut notamment choisir d'ajouter la soupe en poudre fournie avant ou après l'ébullition de l'eau, ou de casser ou non le jaune d'œuf ajouté au bouillon.

라면은 기름에 튀겨 말린 면과 분말수프를 넣고 끓이는 인스턴트 음식이다. 세계 각국의 인스턴트 면 요리와 비교했을 때, 한국의 라면은 매콤한 국물과 꼬불꼬불한 면이 특징이다. 그러나 라면의 종류도 점차 다양해지고 있어, 최근에는 짜장 라면이나 국물이 없는 매운 볶음 라면 등도 인기가 많다. 라면의 재미있는 특징은 같은 라면이라도 누가 만드느냐에 따라 다른 맛으로 완성된다는 것이다. 면을 끓일 때 라면 봉투에 적혀 있는 조리 시간보다 오래 끓이면 면이 부드럽게 익고, 반대로 짧게 끓이면 꼬불꼬불한 면발의 힘이 남아 있다. 또한 분말수프를 물이 끓기 전에 넣을지 혹은 끓은 후에 넣을지, 계란은 풀어 넣을지 혹은 풀지 않을지 등, 간단한 조리 과정 속에서도 만드는 사람이 직접 결정할 수 있는 부분이 많다.

Les goûts de BTS lorsqu'ils font des *ramyeon*

방탄소년단의 라면 취향 알아보기

→ pages 198-199

In the SOOP 1 Ep.7

Si vous n'arrivez pas à dormir à cause de votre estomac qui gronde, pensez aux *ramyeon*, un plat rassasiant et rapide à préparer au milieu de la nuit – seulement 5 minutes ! Pour le rendre encore plus nourrissant, n'hésitez pas à l'agrémenter de poireau, d'un œuf ou de germes de haricots, comme le font les membres de BTS dans la saison 1 de la série *In the SOOP*.

혹시 배가 고파서 잠이 오지 않는다면, 단 5분 안에 훌륭한 야식 거리가 되어 줄 라면을 추천한다. 그리고 좀 더 든든하게 즐기고 싶다면, 방탄소년단처럼 기본 라면에 대파, 계란, 숙주 등을 넣어 <인더숲 1> 스타일의 라면을 만들어 보자.

Recette

Pour 1 personne
1인분

Recette en vidéo

Ingrédients

- ☐ 1 paquet de nouilles instantanées *ramyeon* (nouilles et assaisonnement)
- ☐ 585 ml d'eau
- ☐ ¼ de poireau (20 g)
- ☐ 80 g de germes de haricots mungo
- ☐ 30 g de champignons enoki
- ☐ 1 œuf
- ☐ 1 cuil. à café d'ail haché
- ☐ 1 cuil. à café de *gochugaru*
- ☐ ⅛ de cuil. à café de poivre noir

- ☐ 라면 1개 (면, 분말수프, 건더기 수프)
- ☐ 물 2⅓컵
- ☐ 대파 ¼대 (20g)
- ☐ 숙주 80g
- ☐ 팽이버섯 30g
- ☐ 달걀 1개
- ☐ 다진 마늘 1작은술
- ☐ 고춧가루 1작은술
- ☐ 후추 ⅛작은술

Astuces

- Le bouillon est obligatoire, car cette recette ne convient pas pour des nouilles seules !
  이 레시피는 국물 있는 라면에 해당하므로 반드시 국물이 있는 라면을 준비한다.
- N'hésitez pas à ajouter d'autres ingrédients, saucisses, viande en conserve et légumes, par exemple. Vous pouvez également opter pour des fruits de mer – palourdes, crevettes ou calmar –, des *mandu* (ravioli) surgelés, du fromage américain et du *kimchi* vieux.
  다른 재료를 추가해도 된다. 소시지나 캔햄을 넣어도 잘 어울리고, 다른 채소를 추가해도 맛있다. 조개나 새우, 오징어 같은 해물이나 냉동 만두, 슬라이스 체더치즈, 잘 익은 신김치 등을 넣어도 좋다.

Version végane 비건

- Utilisez des *ramyeon* végans et omettez l'œuf. 비건 라면 사용, 달걀 제외

Version sans gluten 글루텐 프리

- Utilisez des *ramyeon* sans gluten. 글루텐 프리 라면 사용

Version sans oléagineux 견과류 프리

- Utilisez des *ramyeon* sans oléagineux. 견과류 프리 라면 사용

Préparation

1

Versez l'eau dans une casserole. Ajoutez l'assaisonnement fourni avec les nouilles et portez à ébullition.

냄비에 물을 넣고, 라면에 동봉된 분말수프와 건더기 수프를 넣고 끓인다.

2

Quand l'eau commence à bouillir, ajoutez les nouilles et l'ail haché. Coupez le poireau en tronçons de la taille d'une bouchée à l'aide de ciseaux, puis mettez-les aussi dans la casserole. Laissez mijoter 2 minutes à feu moyen, en remuant à l'aide de baguettes.

물이 끓으면 면과 다진 마늘을 넣고, 대파를 가위로 먹기 좋은 크기로 잘라 넣는다. 젓가락으로 면을 저어 가며 중불에서 2분간 더 끓인다.

3

Cassez un œuf dans la casserole, puis ajoutez les germes de haricots mungo. Laissez mijoter encore 2 minutes, sans remuer.

냄비에 달걀을 깨뜨려 넣고 숙주를 넣는다. 젓가락으로 젓지 않고 2분간 더 끓인다.

Astuce

Le fait de garder l'œuf entier permet de le pocher et de conserver un bouillon clair. Si vous cassez le jaune d'œuf, vous obtiendrez un bouillon plus épais et au goût plus doux.
달걀을 풀지 않으면 국물이 깔끔하며 달걀이 수란처럼 익고, 달걀을 미리 풀어 넣으면 국물이 걸쭉해지고 국물의 맛이 순해진다.

4

Transférez les *ramyeon* dans un bol avec le bouillon, puis saupoudrez de *gochugaru* et de poivre noir. Garnissez avec les champignons coupés en morceaux de la taille d'une bouchée.

완성된 라면을 그릇에 옮겨 담고 고춧가루와 후추를 뿌린다. 먹기 좋은 크기로 썬 팽이버섯을 올려 장식한다.

Astuce

Adaptez la quantité de *gochugaru* et de poivre à votre goût.
고춧가루와 후추의 양은 취향껏 조절한다.

Le choix de BTS

À quel moment ajoutes-tu la soupe en poudre aux *ramyeon* ?
라면을 끓일 때 분말수프는

Dès que l'eau bout
물이 끓으면 넣는다

RM SUGA j-hope Jimin V

Comment aimes-tu ton œuf ?
라면을 끓일 때 계란을

Avec le jaune mélangé au bouillon
푼다

RM Jin SUGA V

Avant l'ébullition de l'eau

물이 끓기 전에 넣는다

Jin

Jung Kook

Poché dans le bouillon

풀지 않는다

j-hope

Jimin

Jung Kook

A LITTLE MORE

GONNA GIVE IT

♫ **Anpanman**
좀 더 힘을 내볼래
너의 힘이 돼줄래

EFFORT GONNA BE YOUR STRENGTH

⑤ Pour un bon coup de fouet

Suyuk (Tranches de porc bouilli) 수육
Samgyetang (Soupe de poulet au ginseng) 삼계탕
Galbijjim (Travers de bœuf braisés) 갈비찜

Suyuk
Galbijjim
Samgyetang

Suyuk

Tranches de porc bouilli
수육

SANS OLÉAGINEUX

JUTEUX

PORC

Difficulté

MOYEN

Version **sans gluten** possible

글루텐 프리 재료로 조리 가능

Samgyetang

Soupe de poulet au ginseng
삼계탕

SANS GLUTEN

SANS OLÉAGINEUX

DOUX

POULET

Difficulté

DIFFICILE

Galbijjim

Travers de bœuf braisés
갈비찜

SANS OLÉAGINEUX

SUCRÉ ET SALÉ

BŒUF

Difficulté

MOYEN

Version **sans gluten** possible

글루텐 프리 재료로 조리 가능

Suyuk

Tranches de porc bouilli 수육

In the SOOP 2 Ep.3

Jimin
Je peux en avoir un morceau ?
Jung Kook
Bien sûr, on n'a qu'à partager !
Jimin
T'es trop gentil. Comment ça se fait ?

지민
한 입 주나?
정국
당연히 같이 먹어야지.
지민
너무 착해.
내 동생 왜 이렇게 착해.

Un jour, dans la saison 2 de *In the SOOP*, SUGA et Jung Kook sont chargés de préparer le dîner avec pour principal ingrédient de la poitrine de porc. Tandis que SUGA choisit de la rôtir, Jung Kook, lui, réfléchit longuement à une recette et finit par opter pour du *suyuk*. j-hope goûte le plat de Jung Kook et est très impressionné, ce qu'il manifeste par des phrases telles que « Je suis très fier de Jung Kook » ou encore « Cette viande me donne tellement d'énergie que j'ai l'impression que je pourrais mâcher de l'acier ! ». L'un après l'autre, les autres membres du groupe arrivent et ensemble, ils ne font qu'une bouchée du plat préparé par Jung Kook. Il est temps de découvrir le *suyuk*, ce plat qui a si bien remonté BTS qu'après l'avoir mangé, le groupe est allé jouer au footvolley version coréenne !

<인더숲 2>에서의 어느 날, 슈가와 정국이 함께 저녁을 준비하게 되었다. 저녁 식사의 주 재료는 통삼겹살. 슈가가 통삼겹구이를 준비하는 동안, 정국은 어떤 요리를 할지 고민하다 수육을 만들기로 했다.
제이홉은 정국표 수육을 맛보고 감탄을 금치 못하며 "정국이가 내 동생인 게 자랑스럽다", "힘이 나서 쇳덩이도 씹어먹을 수 있을 것 같다."라고 말했다. 그리고 하나 둘 모여든 멤버들은 순식간에 정국이 만든 수육을 뚝딱 해치웠다. 식사 후 신나게 족구를 할 수 있을 정도로 방탄소년단 멤버들의 에너지를 가득 채워 준 음식, 수육에 대해 알아볼 시간이다.

In the SOOP 2 Ep.3

Le *suyuk* est un plat à base de poitrine ou d'échine de porc bouillie. D'ordinaire, la viande devient un véritable délice lorsqu'elle est cuite dans une eau parfumée de quantité d'épices. Elle libère son gras dans le liquide, tandis que les herbes et le poivre se chargent d'éliminer l'odeur de viande peu agréable. On peut aussi ajouter des fruits qui confèrent au bouillon une note sucrée délicate et attendrissent la chair. Un morceau de porc gras tranché soigneusement et cuisiné en *suyuk* offrira un goût riche, tandis qu'une pièce plus maigre dispensera une saveur plus subtile et délicate.

수육은 돼지고기의 삼겹살이나 목살을 통으로 삶아 만든 음식이다. 평범한 돼지고기도 향신료를 듬뿍 넣고 삶아 수육으로 만들면 특별한 맛을 낸다. 물에 넣어 익히니 지방은 적당히 녹아 사라지고, 허브와 후추 덕분에 고기의 누린내도 없어진다. 향신료뿐 아니라 과일을 함께 넣기도 하는데, 과일을 넣으면 은은한 단맛이 더해지고 고기도 한층 부드러워진다. 정갈하게 썰어 낸 수육은 한 점을 먹더라도 비계가 있는 부분을 고르면 고소하게, 지방이 적은 부분을 고르면 담백하게 즐길 수 있다.

Quel type de *suyuk* les membres de BTS préfèrent-ils ?

방탄소년단은 수육의 어느 부분을 더 좋아할까?

→ pages 216-217

Après avoir décidé de cuisiner un *suyuk*, Jung Kook fait revenir un épais morceau de viande dans une poêle. Généralement, on fait bouillir le porc dans l'eau, mais Jung Kook préfère le faire dorer de toutes parts dans l'huile avant de verser l'eau qui servira à le bouillir. Cette technique permet d'obtenir une jolie croûte tout autour de la viande et la rend encore plus savoureuse. Essayez la recette de Jung Kook si vous désirez obtenir un *suyuk* croustillant à l'extérieur et tendre à l'intérieur ; dans ce cas, prenez garde aux éclaboussures d'huile quand vous versez l'eau dans la poêle !

수육을 만든다고 하던 정국은 두꺼운 고기를 통째로 팬에 올려 굽기 시작했다. 일반적인 수육은 고기를 물에 덩어리째 넣어 삶는데, 정국은 고기 표면을 기름에 한 차례 구운 다음 물을 부어 삶았다. 이렇게 고기 겉면을 살짝 구운 뒤 삶으면 고기 겉면이 쫄깃해져서 씹는 맛이 더 풍부해진다. 수육의 부드러운 식감뿐 아니라 겉은 바삭하고 속은 촉촉한 맛을 경험하고 싶다면, 정국의 레시피를 따라 해 보자. 단, 고기를 구울 때는 기름이 많이 튀니 조심하자!

In the SOOP 2 Ep.3

Jung Kook sert son *suyuk* délicieusement juteux accompagné de feuilles d'oignon de Sibérie marinées et de *kimchi* d'oignons nouveaux.
Affamés, tous recouvrent leurs tranches de viande de feuilles et de *kimchi* avant d'enfourner le tout dans leur bouche et les bols ne tardent pas à être vides. La viande étant à peine assaisonnée à la cuisson, il est préférable de l'accompagner de légumes et d'aromatiques au goût puissant, comme le font les membres, ou de tremper les tranches dans une sauce, par exemple aux crevettes saumurées.

잘 익어서 윤기가 자르르 흐르는 수육에 정국이 곁들인 반찬은 명이나물과 파김치였다. 배가 고팠던 멤버들은 고기에 나물과 김치를 얹어 한 입에 넣고 순식간에 그릇을 비워 냈다. 수육은 고기에 간이 거의 안 되어 있기 때문에, 방탄소년단처럼 짭짤하게 양념한 채소 반찬을 곁들이거나 새우젓 같은 소스에 찍어 먹으면 더 맛있다.

In the SOOP 2 Ep.3

In the SOOP 2 Ep.3

Après avoir goûté le *suyuk* de Jung Kook, j-hope déclare : « C'est le plus beau jour de ma vie ! » Si vous aussi, l'expérience vous tente, tournez la page et suivez la recette de Jung Kook !

정국이 만든 수육을 한입 먹은 제이홉은 이런 말을 했다. '이 순간은 화양연화야.' 화양연화의 순간을 경험해 보고 싶다면 페이지를 넘겨 정국표 수육을 만들어 보자.

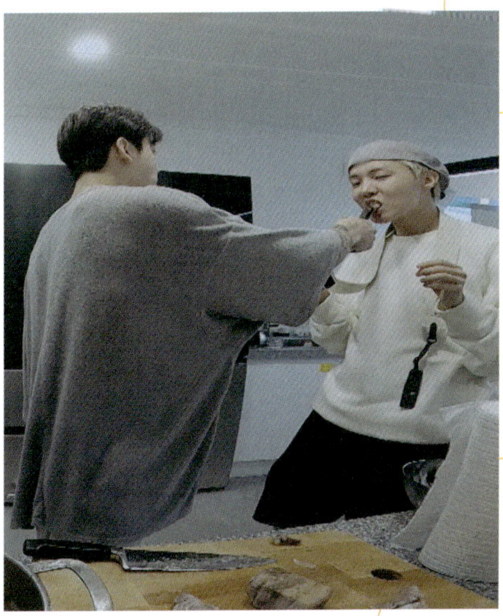

In the SOOP 2 Ep.3

Recette

Pour 2 ou 3 personnes
2~3인분

Recette en vidéo

Ingrédients

- ☐ 1 kg de poitrine de porc
- ☐ 1 oignon (200 g)
- ☐ 1 poireau (80 g)
- ☐ 120 g de pomme
- ☐ 8 gousses d'ail
- ☐ 4 cuil. à soupe de pâte de soja
- ☐ 2 cuil. à soupe de sauce soja
- ☐ ½ cuil. à soupe de grains de poivre
- ☐ 65 ml de vin blanc
- ☐ 1 brin de romarin frais
- ☐ 2 piments rouges séchés
- ☐ 1 cuil. à soupe d'huile de cuisson
- ☐ 2 l d'eau

Pour la ciboulette marinée

- ☐ 200 g de ciboulette
- ☐ 100 g d'oignon
- ☐ 2 cuil. à soupe de *gochugaru*
- ☐ 2 cuil. à soupe de sauce soja
- ☐ 1 cuil. à soupe de vinaigre
- ☐ 1 cuil. à soupe de sucre en poudre
- ☐ 1 cuil. à soupe d'huile de sésame grillé
- ☐ 1 cuil. à soupe de graines de sésame grillées

- ☐ 돼지고기 통삼겹살 1kg
- ☐ 양파 1개 (200g)
- ☐ 대파 1대 (80g)
- ☐ 사과 ½개 (120g)
- ☐ 마늘 8톨
- ☐ 된장 4큰술
- ☐ 간장 2큰술
- ☐ 통후추 ½큰술
- ☐ 화이트 와인 ¼컵
- ☐ 로즈마리 1줄기
- ☐ 마른 고추 2개
- ☐ 식용유 1큰술
- ☐ 물 8컵

부추 겉절이

- ☐ 부추 200g
- ☐ 양파 ½개 (100g)
- ☐ 고춧가루 2큰술
- ☐ 간장 2큰술
- ☐ 식초 1큰술
- ☐ 설탕 1큰술
- ☐ 참기름 1큰술
- ☐ 참깨 1큰술

Astuces

- Vous pouvez remplacer la poitrine de porc par de l'épaule ou de l'échine. Persillée de gras, la poitrine de porc est tendre et riche, tandis que l'épaule et l'échine, plus maigres, sont aussi plus fermes et offrent un goût plus léger.
  통삼겹살 대신 목살이나 앞다리살을 사용해도 된다. 통삼겹살은 지방이 많아 부드럽고 고소하며, 목살이나 앞다리살은 지방이 적어 비교적 단단하고 담백하다.
- Si vous le souhaitez, remplacez le vin blanc par du *cheongju*, du *soju* ou de la vodka.
  화이트 와인 대신 청주, 소주, 보드카를 사용해도 된다.
- Si vous ne disposez pas de romarin frais ou de piments séchés, omettez-les.
  로즈마리나 마른 고추를 구하기 어렵다면 제외해도 된다.
- Si vous ne trouvez pas de ciboulette, remplacez-la par du concombre détaillé en julienne.
  부추를 구하기 어렵다면 얇게 썬 오이로 대신해도 된다.

Version sans gluten 글루텐 프리

- Utilisez de la pâte et de la sauce soja sans gluten. 글루텐 프리 된장, 간장 사용

Préparation

1 

Détaillez un oignon en 8 quartiers. Coupez le poireau et la pomme en 4. Écrasez les gousses d'ail avec le plat d'un couteau.

양파 하나를 8등분 하고, 대파와 사과는 4등분 한다. 마늘은 칼등으로 눌러 으깬다.

2 

Chauffez une poêle, puis nappez le fond d'un peu d'huile de cuisson. Déposez-y la viande et faites-la revenir jusqu'à ce que le dessous soit croustillant. Retournez la viande pour la dorer de toutes parts.

팬을 달구어 식용유를 두르고, 고기의 한쪽 면이 바삭해지고 연한 갈색이 될 때까지 굽는다. 나머지 면도 골고루 굽는다.

Astuce

La viande sera entièrement cuite lorsqu'elle sera bouillie à l'étape 5. Il n'est donc pas nécessaire de beaucoup la cuire à ce stade.
고기는 삶을 때 완전히 익힐 것이므로 구울 때에는 속까지 익히지 않아도 된다.

3

Sortez la viande de la poêle, puis remplacez par le poireau et faites-le revenir 1 à 2 minutes dans l'huile restante. Ajoutez l'oignon coupé et l'ail écrasé, puis poursuivez la cuisson à feu vif, jusqu'à ce que l'oignon soit bien doré.

팬에서 고기를 건져내고, 기름이 남아 있는 팬에 대파를 넣은 뒤 1~2분간 볶는다. 이어서 손질한 양파와 마늘을 넣고, 센 불에서 양파가 연한 갈색이 될 때까지 볶는다.

4

Transférez les légumes revenus à l'étape 3 dans une cocotte. Ajoutez l'eau, la pomme, la pâte de soja, la sauce soja, les grains de poivre, le vin blanc, le romarin et les piments séchés. Portez le tout à ébullition.

냄비에 3 의 채소와 물, 사과를 넣고 된장, 간장, 통후추, 화이트 와인, 로즈마리, 마른 고추를 넣어 끓인다.

5

Quand le liquide commence à bouillir, ajoutez la poitrine de porc saisie, puis laissez mijoter 40 minutes à feu moyen-doux. Quand la viande est cuite, sortez-la de la cocotte et laissez refroidir 1 à 2 minutes avant de la détailler en tranches de la taille d'une bouchée.

냄비의 물이 끓으면 구운 통삼겹살을 넣고 중약불에서 40분간 익힌다. 고기가 잘 익으면 꺼내서 1~2분간 식힌 뒤, 먹기 좋은 크기로 썬다.

Astuce

Piquez la viande à l'aide d'une pique à brochette pour vérifier sa cuisson. Si le jus qui s'écoule est clair, sans trace de rouge, c'est prêt !

고기는 꼬챙이로 찔렀을 때 핏물이 아닌 맑은 물이 나오면 다 익은 것이다.

6

Détaillez la moitié de l'oignon en fines demi-rondelles, puis émincez la ciboulette en tronçons de la longueur de l'oignon. Mettez le tout avec le reste des ingrédients dans un saladier, puis mélangez légèrement.

양파 반 개를 채 썰고, 부추도 양파와 비슷한 길이로 썬다. 양파와 부추, 나머지 겉절이 재료를 모두 볼에 넣고 살살 무친다.

Astuce

Si vous mélangez trop, la ciboulette prendra un parfum plus fort !

부추는 오래 무치면 풋내가 나므로 가볍게만 섞는다.

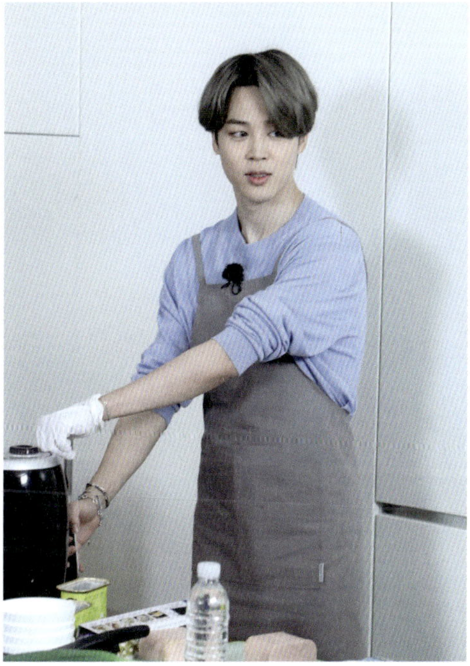

Comment préfères-tu ton *suyuk* ?

수육을 먹을 때

Avec du porc persillé, au goût bien riche

지방이 많은 부분이 고소~하니 맛있지!

SUGA

j-hope

Jung Kook

Avec de la viande maigre, au goût plus délicat

지방이 적은 부분이 담백하고 맛있지!

RM

Jin

V

J'aime les deux !

어떻게 먹어도 다 맛있지!

Jimin

Samgyetang

Soupe de poulet au ginseng 삼계탕

Le dernier plat à apparaître dans l'épisode final de la saison 1 de la série *In the SOOP* est un *samgyetang* préparé par l'équipe de production à l'intention des membres de BTS. À la seule vue du bouillon opaque en train de mijoter sur la cuisinière, tous salivent par avance ! Voyons en détail ce qu'est le *samgyetang*, le plat qui a donné aux membres de BTS assez d'énergie pour reprendre leur vie quotidienne après la fin de la saison 1 de *In the SOOP* !

<인더숲 1>의 피날레를 장식한 음식은 바로 제작진이 방탄소년단을 위해 만들어 준 삼계탕이었다. 뽀얀 국물이 보글보글 끓어오르는 삼계탕은 바라보는 것만으로도 군침이 돌 정도였다. <인더숲 1>에서의 휴가를 마친 방탄소년단이 다시 일상으로 돌아갈 수 있도록 힘을 북돋워 준 음식, 삼계탕에 대해 알아보자.

BTS
Jal meokgesseumnida !
(Merci pour la nourriture !)

방탄소년단
잘 먹겠습니다!

In the SOOP 1 Ep.8

Le *samgyetang* est une soupe constituée d'un poulet, préalablement farci de riz gluant, de jujube, de ginseng et d'ail, bouilli longuement dans une marmite d'eau.
Sam signifie « ginseng », *gye*, « poulet » et *tang*, « soupe ». Il s'agit donc d'une soupe au ginseng et au poulet qui peut être enrichie de divers autres ingrédients comme le jujube, l'ail et des herbes utilisées en médecine traditionnelle. Ces ingrédients permettant de redonner de l'énergie et de la vigueur, les Coréens dégustent souvent le *samgyetang* lorsqu'ils ressentent le besoin d'un coup de fouet.
Le *samgyetang* doit cuire longuement à feu doux – au moins 1 heure ! – pour que le riz à l'intérieur du poulet devienne tendre et que la viande s'effiloche facilement. Saisir un morceau de poulet et le déguster avec un peu de sel et la farce redonne de l'appétit et un surcroît d'énergie à tous ceux qui en ressentent le besoin.

In the SOOP 1 Ep.8

삼계탕은 내장을 제거한 닭의 몸통에 찹쌀과 대추, 수삼, 마늘 등을 채워 넣고 푹 삶아 만든 음식이다.
삼계탕이라는 이름을 잠깐 살펴보면, '삼'은 수삼, '계'는 닭, '탕'은 문자 그대로 탕을 뜻한다. 즉, 수삼과 닭이 들어가는 탕인데, 삼계탕에는 수삼 이외에도 대추, 마늘 혹은 다양한 약재들이 들어간다. 이러한 재료들은 피로를 회복시키고 힘을 나게 해 주는 효능이 있어 한국인들은 삼계탕을 주로 보양식으로 즐겨 먹는다.
또한 삼계탕은 약불에서 최소 1시간 넘게 끓여야 하는데, 이렇게 끓이는 동안 닭 속을 채운 찹쌀은 촉촉해지고 닭고기도 쉽게 찢어 먹을 수 있을 정도로 보들보들해진다. 푹 익힌 닭을 찢어 소금에 찍어 먹고, 닭과 함께 익힌 다양한 재료들을 먹으면 사라진 입맛이 돌아오고 없던 힘도 생겨날 것이다.

j-hope
C'est pour quand le *chobok* ? Pour bientôt ?
RM
Les anciens sauraient te répondre.
Jin
C'est vrai, puisque c'est un jour où l'on mange des plats particuliers.

제이홉
초복이 언제지? 이제 곧 초복인가?
RM
이런 건 어른들이 잘 아는데…….
진
맞아. 특별한 음식 챙겨 먹는 날.

In the SOOP 1 Ep.8

Les membres discutent du *chobok* pendant qu'ils dégustent le *samgyetang* cuisiné par l'équipe. Qu'est-ce que le *chobok* et pourquoi les membres du groupe relient-ils ce jour et la soupe de poulet au ginseng ? En Corée, juillet et août sont les mois les plus chauds de l'année. Cette période compte trois jours traditionnels, tous séparés par un intervalle de 10 jours, et qui ont pour nom *chobok*, *jungbok* (prononcez « joungbok ») et *malbok* ; collectivement, ils sont désignés par l'expression « les trois jours de *bok* ». Lors de l'une de ces journées, les Coréens mettent un point d'honneur à consommer des plats nourrissants pour reconstituer les organismes éprouvés par la chaleur de l'été et le *samgyetang* est parfait pour cela. Lors d'un jour de *bok*, de nombreux Coréens dégustent un *samgyetang* très chaud, car ils pensent que cela les aide à retrouver leur vigueur, même s'il les fait transpirer abondamment. Cette pratique est issue de la philosophie *Iyeolchiyeol*, qui prône de lutter contre la chaleur par la chaleur en consommant des plats très chauds l'été. Les Coréens pensent également que la chair du poulet fait partie des aliments chauds.

De nos jours, certains choisissent de déguster d'autres plats à base de poulet tels que le poulet frit coréen ou le *dak-bokkeumtang* lors d'un jour de *bok*.

방탄소년단 멤버들은 제작진이 만들어 준 삼계탕을 먹으며 '초복' 이야기를 했다. 삼계탕을 먹으면 생각나는 그날, '초복'은 어떤 날일까?

한국은 매년 여름철인 7월에서 8월 사이가 가장 덥다. 예로부터 한국에서는 이 기간에 열흘 간격으로 3일을 정하여 '초복', '중복', '말복'이라고 이름 붙이고, 이 세 번의 복날을 일컬어 '삼복'이라고 했다. 삼복에는 무더위에 지친 몸을 위해 보양식을 챙겨 먹는데, 대표적인 보양식 중 하나가 바로 삼계탕이다. 따라서 복날이 되면, 한국인들은 땀이 뻘뻘 흐르는 날씨에도 뜨거운 삼계탕을 먹으며 기운을 차린다. 뜨거운 여름을 뜨거운 음식으로 이겨내 보자는 '이열치열' 정신이다. 또한 한국인들은 닭고기에 따뜻한 성질이 있다고 믿어서, 최근에는 복날에 삼계탕 대신 치킨이나 닭볶음탕 등 다른 닭 요리를 먹기도 한다.

In the SOOP 1 Ep.8

In the SOOP 1 Ep.8

Quelle que soit la météo, quand on a besoin d'un regain d'énergie, le *samgyetang* est tout indiqué ! Fumante et pleine d'ingrédients sains, cette soupe vous insufflera une toute nouvelle vitalité, comme ça a été le cas pour les membres de BTS.

날씨에 상관없이 에너지를 충전하고 싶은 날이라면, 삼계탕을 추천한다. 건강에 좋은 재료들이 듬뿍 담긴 뜨끈한 삼계탕을 먹고 방탄소년단처럼 힘을 내 보자!

Recette

Pour 2 personnes
2인분

Recette en vidéo

Ingrédients

- ☐ 1 poulet entier de 1 kg
- ☐ 100 g de riz gluant
- ☐ 1 racine de ginseng frais (20 g)
- ☐ ½ poireau (40 g)
- ☐ 3 jujubes séchés
- ☐ 3 gousses d'ail
- ☐ 2 l d'eau
- ☐ Sel et poivre noir au goût

- ☐ 생닭 1마리 (1kg)
- ☐ 찹쌀 ½컵 (100g)
- ☐ 수삼 1개 (20g)
- ☐ 대파 ½대 (40g)
- ☐ 건대추 3알
- ☐ 마늘 3톨
- ☐ 물 8컵
- ☐ 소금, 후추 적당량

Astuces

- Si vous ne trouvez pas de riz gluant, utilisez du riz classique, à condition qu'il soit collant – oubliez le riz basmati ou thaï !
  찹쌀을 구하기 어렵다면 일반 쌀로 대신해도 된다. 단, 재스민 쌀이나 바스마티 쌀처럼 찰기가 없는 쌀 대신 찰기가 있는 품종을 사용한다.
- Le ginseng frais enrichit la saveur du plat et donne de la délicatesse au bouillon. Vous pouvez le remplacer par du ginseng séché ou, à défaut, ne pas en mettre du tout.
  수삼을 넣으면 특유의 풍미가 더해지고, 국물 맛이 더 깔끔해진다. 구하기 어렵다면 마른 수삼으로 대체하거나 제외해도 된다.

Préparation

1

Faites tremper le riz gluant dans l'eau au moins 2 heures. Rincez-le, puis égouttez-le dans une passoire.

찹쌀은 2시간 이상 물에 불린 뒤, 씻고 체에 밭쳐 물기를 뺀다.

2

Prélevez un morceau de poireau de 5 cm de long, puis émincez-le finement – il servira pour la décoration. Coupez le poireau restant en deux et nettoyez le ginseng frais à l'aide d'une brosse.

대파 5cm를 잘라 내어 장식용으로 얇게 썰어 둔다. 남은 대파는 반으로 썰고, 수삼은 솔로 씻는다.

3

Ôtez la queue du poulet afin de le rendre moins gras. Videz et nettoyez l'intérieur, puis farcissez-le de riz gluant, de ginseng frais, de jujubes séchés et d'ail.

닭은 기름 주머니가 있는 꽁지 부분을 잘라내고 배를 벌린다. 내장을 깨끗이 제거한 뒤, 불린 찹쌀과 수삼, 건대추, 마늘로 속을 채운다.

4

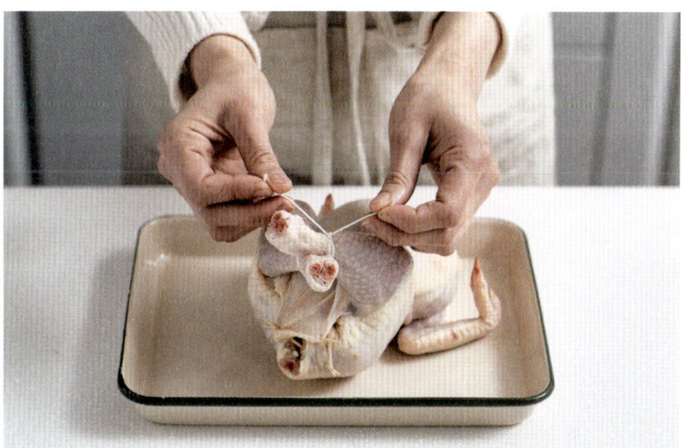

Refermez la cavité à l'aide de cure-dents, puis nouez les pattes ensemble avec un morceau de ficelle de cuisine.

속을 채운 배가 벌어지지 않도록 이쑤시개를 이용해 고정하고, 다리를 요리용 실로 묶는다.

5

Mettez le poulet dans une cocotte. Ajoutez le poireau coupé en deux et l'eau, puis portez à ébullition. Quand l'eau commence à bouillir, couvrez et laissez mijoter 1 h 40 à feu moyen. Pendant toute la cuisson, écumez la surface de la soupe à l'aide d'une louche pour en ôter la mousse et le gras.

냄비에 닭과 반으로 자른 대파, 물을 넣고 끓인다. 물이 끓으면 뚜껑을 덮고 중불에서 1시간 40분간 더 끓인다. 중간에 생기는 거품과 기름은 국자로 걷어 내어 버린다.

Astuce

Le riz gluant à l'intérieur du poulet met longtemps à cuire ; il est donc important de le laisser mijoter longuement à feu moyen.
닭 속에 넣은 찹쌀은 익는 데 오래 걸리기 때문에 중불에서 푹 익히는 것이 중요하다.

6

Sortez le poulet cuit de l'eau, ôtez les cure-dents et la ficelle de cuisine, puis transférez-le dans un bol. Versez le bouillon dans celui-ci et parsemez le poulet de poireau émincé. Assaisonnez les morceaux de poulet avec du sel et du poivre noir avant de déguster.

익은 닭을 건져 이쑤시개와 요리용 실을 제거한 뒤 그릇에 담는다. 그릇에 국물을 붓고, 닭 위에 얇게 썬 대파를 올려 장식한다. 닭고기는 소금과 후추에 찍어 먹는다.

Astuce

Après avoir mangé le poulet, vous pouvez ajouter du riz préalablement trempé au bouillon restant, puis laisser mijoter le tout jusqu'à obtenir une bouillie de riz au savoureux parfum de poulet !
닭고기를 건져 먹은 뒤, 남은 국물에 불린 쌀을 넣고 푹 익혀서 닭죽을 만들어 먹어도 맛있다.

Le choix de BTS

Lors d'un jour de *bok*...
복날에

Je mange un *samgyetang*, c'est sûr !
삼계탕을 챙겨 먹는다

Qui est-ce ?

복날에 삼계탕을 챙겨 먹는 멤버는
누구일까요?

→ pages 244~250

Résultats basés sur les véritables réponses données par les membres de BTS.
방탄소년단의 실제 응답을 정리한 내용입니다.

S'il y a autre chose, ça me va !

삼계탕을 챙겨 먹지는 않는다

Galbijjim

Travers de bœuf braisés 갈비찜

[Behind] In the SOOP BTS 2 SPECIAL

Q. Quels sont les plats qui vous manquent le plus maintenant que vous avez repris votre vie normale ?

R. Le sandwich au filet de bœuf *Hanu* de SUGA et le *suyuk* de Jung Kook.

Q. 일상으로 돌아와서 가장 생각나는 음식은?

A. 슈가표 한우 안심 샌드위치와 정국표 수육

Après la saison 2 de *In the SOOP*, les membres de BTS retrouvent leur quotidien. Quand on leur demande de citer le plat qui les a le plus marqués dans cette saison, ce sont le sandwich au filet de bœuf *Hanu* de SUGA et le *suyuk* de porc de Jung Kook qui sont cités.
Ces réponses confirment l'amour de BTS pour la viande !
Le terme *Hanu* désigne une variété de bœuf coréen. Si, de nos jours, le bœuf est souvent plus cher que les autres viandes, il y a plus d'un siècle, il s'agissait d'un réel produit de luxe en Corée, parce qu'il avait plus de valeur que le porc ou le poulet. Le *galbijjim* était alors considéré comme le summum des plats à base de bœuf, un mets digne d'un roi. Si, comme les membres de BTS, vous adorez la viande, préparez un *galbijjim* de bœuf, le plat qui jadis ravissait les papilles des rois coréens !

<인더숲 2>에서 휴식을 마치고 일상으로 돌아온 방탄소년단. 멤버들은 <인더숲 2>에서 먹은 것 중 가장 생각나는 음식이 무엇이냐는 질문에 슈가의 한우 안심 샌드위치와 정국의 돼지고기 수육이라고 답했다. 역시 고기를 좋아하는 방탄소년단 다운 대답이다. 슈가가 샌드위치에 사용한 한우는 한국산 소고기를 뜻한다. 품질에 따라 차이가 있지만 한국에서는 소고기가 다른 고기류에 비해 비싼 편이다. 백여 년 전에는 소고기가 고급 식재료에 속했는데, 소가 돼지나 닭보다 귀했기 때문이다. 특히 소고기로 만든 요리 중에서도 갈비찜은 당시 임금의 수라상에 오르는 최고급 요리였다. 고기를 좋아하는 방탄소년단을 떠올리며, 옛 왕족들도 반한 맛, 소고기 갈비찜을 만들어 보자.

galbi grillés 갈비구이

tteokgalbi 떡갈비

ragoût de *galbi* 갈비탕

Le *galbijjim* consiste à braiser de gros morceaux de travers de bœuf et de légumes racines dans une sauce à base d'ail et de sauce soja. Dans le mot, *galbi* désigne les travers de bœuf ou de porc. Dans la cuisine coréenne, les *galbi* entrent dans la composition de nombreux plats, dont le *galbijjim*, les *galbi* grillés, le ragoût de *galbi* et les *tteokgalbi* (galettes de *galbi* grillées).

갈비찜은 큼직하게 토막 낸 갈비와 뿌리채소를 마늘과 간장을 넣은 양념에 졸여 만든 음식이다. 한국 요리에서 갈비는 갈비찜, 갈비구이, 갈비탕, 떡갈비 등 다양한 요리에 사용된다.

Si vous avez envie de préparer un repas coréen pour vos proches, pensez au *galbijjim* ! La viande tendre et les légumes fondants, plongés dans une sauce sucrée-salée, charmeront les palais de tous les convives !

직접 만든 한국 음식으로 소중한 사람을 대접하고 싶다면 갈비찜을 추천한다. 결이 살아 있는 고기와 부드러운 채소, 그리고 달콤하면서도 짭짤한 양념이 모두의 입맛을 사로잡을 것이다.

Recette

Pour 4 personnes
4인분

Recette en vidéo

Ingrédients

- ☐ 1 kg de travers de bœuf avec l'os
- ☐ 300 g de radis coréen
- ☐ 1 carotte (150 g)
- ☐ 1 poireau (80 g)
- ☐ 750 ml d'eau
- ☐ 65 ml de *cheongju*

- ☐ 찜용 토막 갈비 1kg
- ☐ 무 6cm 길이 (300g)
- ☐ 당근 1개 (150g)
- ☐ 대파 1대 (80g)
- ☐ 물 3컵
- ☐ 청주 ¼컵

Pour la sauce

- ☐ 190 ml de sauce soja
- ☐ 100 à 135 g de sucre en poudre
- ☐ 1 ½ cuil. à soupe d'ail haché
- ☐ 1 cuil. à soupe d'huile de sésame grillé
- ☐ 1 pincée de poivre noir

양념

- ☐ 간장 ¾컵
- ☐ 설탕 ½~⅔컵
- ☐ 다진 마늘 1½큰술
- ☐ 참기름 1큰술
- ☐ 후추 약간

Astuces

- Le radis coréen et la carotte peuvent être remplacés par des châtaignes, des pommes de terre, de la courge Kabocha, des patates douces, des choux de Bruxelles, du radis, des champignons de Paris, des pleurotes ou des shiitakés.
  당근과 무 대신 밤, 감자, 단호박, 고구마, 미니 양배추, 래디시, 양송이버섯, 새송이버섯, 표고버섯 등을 넣어도 된다.
- Adaptez la quantité de sucre à votre goût. Vous pouvez aussi réduire la proportion de sucre et ajouter le quart d'une pomme réduit en purée pour sucrer la sauce.
  설탕량은 취향에 맞게 조절한다. 설탕량을 줄이고, 사과를 ¼개 정도 갈아서 양념과 함께 섞어도 단맛을 낼 수 있다.
- Si vous aimez les plats relevés, ajoutez 4 ou 5 piments forts à la sauce.
  매운맛을 좋아한다면 양념에 청양고추 4~5개를 추가해도 된다.

Version sans gluten 글루텐 프리

- Utilisez de la sauce soja sans gluten. 글루텐 프리 간장 사용

Préparation

1

Faites tremper les travers de bœuf dans l'eau froide environ 2 heures pour en extraire le jus rouge. Lavez-les soigneusement pour éliminer les fragments d'os, puis ôtez l'excédent de gras.

찜용 갈비는 찬물에 2시간 정도 담가 핏물을 뺀다. 그 다음 뼛조각이 없도록 깨끗이 씻고, 갈비에 붙은 여분의 기름을 칼로 제거한다.

Astuce

Ne laissez pas les travers de bœuf dans l'eau plus longtemps que 2 heures, car ils perdront de leur saveur.

찬물에 담가 두는 시간은 2시간을 넘기지 않는다. 물에 너무 오래 담가 두면 고기에서 맛을 내는 성분까지 빠질 수 있다.

2

Coupez la carotte et le radis coréen en dés de 2,5 cm, puis le poireau en tronçons de 5 cm.

당근과 무는 가로세로 2.5cm 크기로 네모나게 썰고, 대파는 5cm 길이로 썬다.

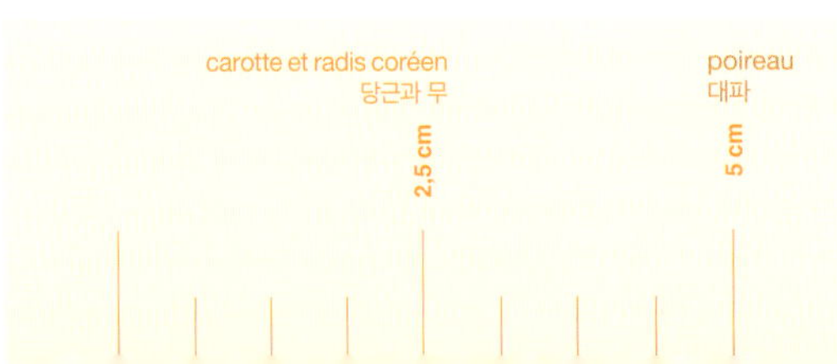

3

Mettez tous les ingrédients de la sauce dans un bol et mélangez bien.

볼에 양념 재료를 모두 넣고 고루 섞는다.

4

Déposez les travers de bœuf dans une cocotte. Ajoutez l'eau et le *cheongju*, puis portez à ébullition. Quand l'eau commence à bouillir, couvrez et laissez mijoter 40 minutes à feu moyen-doux. En cours de cuisson, écumez la mousse et le gras à la surface du bouillon à l'aide d'une louche.

냄비에 갈비, 물, 청주를 넣고 끓인다. 물이 끓으면 뚜껑을 덮고 중약불에서 40분간 더 끓인다. 중간에 생기는 거품과 기름은 국자로 걷어 내어 버린다.

5

Ajoutez les légumes et la sauce, puis laissez mijoter encore 20 minutes à feu moyen, jusqu'à ce que le radis coréen et la carotte soient tendres.

냄비에 채소와 양념을 넣고, 중불에서 무와 당근이 부드럽게 익을 때까지 20분간 더 끓인다.

Que disent les Coréens à la fin du repas ?

Avant de commencer le repas, les Coréens disent «잘 먹겠습니다» (*jal meokgesseumnida*) en hommage à la nourriture qui leur est présentée. → page 39 Une fois le repas terminé, ils disent «잘 먹었습니다» (*jal meogeosseumnida*). Les deux phrases se ressemblent beaucoup, n'est-ce pas ? Si cette dernière signifie littéralement «J'ai bien mangé», là encore, le message va bien au-delà : il s'agit d'une expression idiomatique qui remercie celui ou celle qui a préparé ou fourni le repas. Et vous, avez-vous apprécié les plats du *BTS RECIPE BOOK* que vous avez cuisinés ?

Comment aimes-tu tes *galbi* ?
갈비를 먹을 때,

Braisés
갈비찜이 최고야!

RM

j-hope

Jimin

Jung Kook

Résultats basés sur les véritables réponses données par les membres de BTS.
방탄소년단의 실제 응답을 정리한 내용입니다.

Grillés

갈비구이가 최고야!

Jin

SUGA

V

Le choix de BTS

이름 Nom RM

① Besoin d'un petit remontant ? 간단하게 기분 낼 때

Q. 김치볶음밥 최애 토핑은? Avec quoi aimes-tu accompagner le *kimchi-bokkeumbap* ?
달걀 프라이 Œuf au plat **ou** 치즈 Fromage

Q. 김치볶음밥에 달걀 프라이를 얹을 때 Quelle cuisson pour l'œuf au plat sur le *kimchi-bokkeumbap* ?
반숙 Coulant **ou** 완숙 Bien cuit

Q. 김치볶음밥 최고의 조합은 Ton *kimchi-bokkeumbap* préféré ?
김치 + 참치 *Kimchi* et thon en conserve **ou** 김치 + 고기 *Kimchi* et viande
ou 김치만 *Kimchi* seul +햄 + jambon

Q. 잔치국수는 Comment aimes-tu ton *janchi-guksu* ?
기본이 최고! 간단하게 먹는다 Nature, le plus simple possible !
ou 고명을 잔뜩 올려 풍성하게 먹는다 Complètement personnalisé, avec plein de garnitures !

Q. 부대찌개에는 Le *budae-jjigae* devrait contenir…
햄 많이 Des tonnes de viande en conserve !
ou 소시지 많이 Beaucoup, beaucoup de saucisses !

② Jour de pluie 비가 올 때

Q. 파전을 먹을 때 Comment préfères-tu ton *pajeon* ?
얇고 바삭하게 Fin et croustillant **ou** 두껍고 담백하게 Épais et léger

Q. 파전에 어울리는 술은? Avec quelle boisson alcoolisée accompagner le *pajeon* ?
동동주, 막걸리 Du *dongdongju* (vin de riz non filtré) et du *makgeolli*

Q. 수제비를 먹을 때 Quel est ton *sujebi* préféré ?
걸쭉한 국물이 좋다 Dans un bouillon épais
ou 깔끔한 국물이 좋다 Dans un bouillon clair

Q. 닭볶음탕 속 닭고기 취향은? Comment aimes-tu le poulet du *dak-bokkeumtang* ?
뼈 있는 닭고기 Sur l'os **ou** 순살 닭고기 Désossé

③ Pour les petits creux 간식이 당길 때

Q. 누룽지를 먹을 때 Comment préfères-tu manger le *nurungji* ?
바삭하게 과자로 Croustillant, version *nurungji-gwaja*
ou 부드럽게 숭늉으로 Moelleux, version *sungnyung*

Q. 붕어빵을 먹을 때 Par quel bout entames-tu ton *bungeobbang* ?
머리부터 La tête **ou** 꼬리부터 La queue

Q. 둘 중 더 좋아하는 것은? Lequel est ton préféré ?
팥 붕어빵 Le *bungeobbang* aux haricots rouges
ou 슈크림 붕어빵 Le *bungeobbang* à la crème pâtissière

Q. 호떡을 먹을 때 Comment aimes-tu manger ton *hotteok* ?
뜨거울 때 빠르게 Sans attendre, tant qu'il est encore bien chaud
ou 식혀서 천천히 Après quelques minutes, quand il a un peu refroidi

Q. 호떡을 먹을 때 Comment préfères-tu ton *hotteok* ?
호떡만 Nature **ou** 토핑과 함께 Avec une garniture

④ Un petit encas avant d'aller dormir ? 야식이 생각날 때

Q. 좋아하는 치킨은? Quel est ton poulet frit préféré ?
프라이드치킨 Nature **ou** 양념 치킨 Assaisonné

Q. 가장 좋아하는 치킨 부위는? Quels morceaux de poulet préfères-tu ?
다리, 날개 Le pilon et l'aile

Q. 둘 중 더 좋아하는 것은? Quel est ton *tteokbokki* préféré ?
밀떡 떡볶이 Celui aux gâteaux de blé
ou 쌀떡 떡볶이 Celui aux gâteaux de riz

Q. 떡볶이와 잘 어울리는 분식은? Avec quoi aimes-tu accompagner le *tteokbokki* ?
튀김 Des encas frits **ou** 어묵 Des gâteaux de poisson
ou 순대 Un *sundae* (boudin de vermicelles de riz)

Q. 라면을 끓일 때 분말수프는 À quel moment ajoutes-tu la soupe en poudre aux *ramyeon* ?
물이 끓으면 넣는다 Dès que l'eau bout
ou 물이 끓기 전에 넣는다 Avant l'ébullition de l'eau

Q. 라면을 끓일 때 계란을 Comment aimes-tu ton œuf avec les *ramyeon* ?
푼다 Avec le jaune mélangé au bouillon
ou 풀지 않는다 Poché dans le bouillon

⑤ Pour un bon coup de fouet 힘을 내고 싶을 때

Q. 수육을 먹을 때 Comment préfères-tu ton *suyuk* ?
지방이 많은 부분으로 고소하게 Avec du porc persillé, au goût bien riche
ou 지방이 적은 부분으로 담백하게 Avec de la viande maigre, au goût plus délicat

Q. 복날에 Lors d'un jour de *bok*…
삼계탕을 챙겨 먹는다 Je mange un *samgyetang*, c'est sûr !
ou 삼계탕을 챙겨 먹지는 않는다 S'il y a autre chose, ça me va !

Q. 갈비를 먹을 때 Comment aimes-tu tes *galbi* ?
갈비찜으로 Braisés **ou** 갈비구이로 Grillés

Q. 나는 요리할 때 Quel cuisinier es-tu ?
계량이 생명! Je mesure tout avec précision !
ou 요리는 Feel! Je cuisine au feeling !

Q. 집에서 한식을 만들어 먹고 싶은 아미에게 추천해 주고 싶은 요리는? Quels plats conseillerais-tu aux ARMY qui veulent cuisiner coréen ?
삼겹살, 라면 Du *samgyeopsal* (poitrine de porc) et des *ramyeon*

Le choix de BTS

이름 Nom JIN

① Besoin d'un petit remontant ? 간단하게 기분 낼 때

Q. 김치볶음밥 최애 토핑은? Avec quoi aimes-tu accompagner le *kimchi-bokkeumbap* ?
달걀 프라이 Œuf au plat **ou** 치즈 Fromage

Q. 김치볶음밥에 달걀 프라이를 얹을 때 Quelle cuisson pour l'œuf au plat sur le *kimchi-bokkeumbap* ?
반숙 Coulant **ou** 완숙 Bien cuit

Q. 김치볶음밥 최고의 조합은 Ton *kimchi-bokkeumbap* préféré ?
김치 + 참치 *Kimchi* et thon en conserve **ou** 김치 + 고기 *Kimchi* et viande
ou 김치만 *Kimchi* seul + jambon

Q. 잔치국수는 Comment aimes-tu ton *janchi-guksu* ?
기본이 최고! 간단하게 먹는다 Nature, le plus simple possible !
ou 고명을 잔뜩 올려 풍성하게 먹는다 Complètement personnalisé, avec plein de garnitures !

Q. 부대찌개에는 Le *budae-jjigae* devrait contenir…
햄 많이 Des tonnes de viande en conserve !
ou 소시지 많이 Beaucoup, beaucoup de saucisses !

② Jour de pluie 비가 올 때

Q. 파전을 먹을 때 Comment préfères-tu ton *pajeon* ?
얇고 바삭하게 Fin et croustillant **ou** 두껍고 담백하게 Épais et léger

Q. 파전에 어울리는 술은? Avec quelle boisson alcoolisée accompagner le *pajeon* ?
막걸리 Du *makgeolli*

Q. 수제비를 먹을 때 Quel est ton *sujebi* préféré ?
걸쭉한 국물이 좋다 Dans un bouillon épais
ou 깔끔한 국물이 좋다 Dans un bouillon clair

Q. 닭볶음탕 속 닭고기 취향은? Comment aimes-tu le poulet du *dak-bokkeumtang* ?
뼈 있는 닭고기 Sur l'os **ou** 순살 닭고기 Désossé

③ Pour les petits creux 간식이 당길 때

Q. 누룽지를 먹을 때 Comment préfères-tu manger le *nurungji* ?
바삭하게 과자로 Croustillant, version *nurungji-gwaja*
ou 부드럽게 숭늉으로 Moelleux, version *sungnyung*

Q. 붕어빵을 먹을 때 Par quel bout entames-tu ton *bungeobbang* ?
머리부터 La tête **ou** 꼬리부터 La queue

Q. 둘 중 더 좋아하는 것은? Lequel est ton préféré ?
팥 붕어빵 Le *bungeobbang* aux haricots rouges
ou 슈크림 붕어빵 Le *bungeobbang* à la crème pâtissière

Q. 호떡을 먹을 때 Comment aimes-tu manger ton *hotteok* ?
뜨거울 때 빠르게 Sans attendre, tant qu'il est encore bien chaud
ou 식혀서 천천히 Après quelques minutes, quand il a un peu refroidi

Q. 호떡을 먹을 때 Comment préfères-tu ton *hotteok* ?
호떡만 Nature **ou** 토핑과 함께 Avec une garniture

④ Un petit encas avant d'aller dormir ? 야식이 생각날 때

Q. 좋아하는 치킨은? Quel est ton poulet frit préféré ?
프라이드치킨 Nature **ou** 양념 치킨 Assaisonné

Q. 가장 좋아하는 치킨 부위는? Quels morceaux de poulet préfères-tu ?
다리 Le pilon

Q. 둘 중 더 좋아하는 것은? Quel est ton *tteokbokki* préféré ?
~~밀떡 떡볶이 Celui aux gâteaux de blé~~
ou ~~쌀떡 떡볶이 Celui aux gâteaux de riz~~
둘 다 안 먹음 Je ne mange ni l'un ni l'autre.

Q. 떡볶이와 잘 어울리는 분식은? Avec quoi aimes-tu accompagner le *tteokbokki* ?
튀김 Des encas frits **ou** 어묵 Des gâteaux de poisson
ou 순대 Un *sundae* (boudin de vermicelles de riz)

Q. 라면을 끓일 때 분말수프는 À quel moment ajoutes-tu la soupe en poudre aux *ramyeon* ?
물이 끓으면 넣는다 Dès que l'eau bout
ou 물이 끓기 전에 넣는다 Avant l'ébullition de l'eau

Q. 라면을 끓일 때 계란을 Comment aimes-tu ton œuf avec les *ramyeon* ?
푼다 Avec le jaune mélangé au bouillon
ou 풀지 않는다 Poché dans le bouillon

⑤ Pour un bon coup de fouet 힘을 내고 싶을 때

Q. 수육을 먹을 때 Comment préfères-tu ton *suyuk* ?
지방이 많은 부분으로 고소하게 Avec du porc persillé, au goût bien riche
ou 지방이 적은 부분으로 담백하게 Avec de la viande maigre, au goût plus délicat

Q. 복날에 Lors d'un jour de *bok*…
삼계탕을 챙겨 먹는다 Je mange un *samgyetang*, c'est sûr !
ou 삼계탕을 챙겨 먹지는 않는다 S'il y a autre chose, ça me va !

Q. 갈비를 먹을 때 Comment aimes-tu tes *galbi* ?
갈비찜으로 Braisés **ou** 갈비구이로 Grillés

Q. 나는 요리할 때 Quel cuisinier es-tu ?
계량이 생명! Je mesure tout avec précision !
ou 요리는 Feel! Je cuisine au feeling !

Q. 집에서 한식을 만들어 먹고 싶은 아미에게 추천해 주고 싶은 요리는?
Quels plats conseillerais-tu aux ARMY qui veulent cuisiner coréen ?
김치찌개 Un *kimchi-jjigae* (ragoût au *kimchi*)

Le choix de BTS

이름 Nom SUGA

① Besoin d'un petit remontant ? 간단하게 기분 낼 때

Q. 김치볶음밥 최애 토핑은? Avec quoi aimes-tu accompagner le *kimchi-bokkeumbap* ?
달걀 프라이 Œuf au plat **ou** 치즈 Fromage

Q. 김치볶음밥에 달걀 프라이를 얹을 때 Quelle cuisson pour l'œuf au plat sur le *kimchi-bokkeumbap* ?
반숙 Coulant **ou** 완숙 Bien cuit

Q. 김치볶음밥 최고의 조합은 Ton *kimchi-bokkeumbap* préféré ?
김치 + 참치 *Kimchi* et thon en conserve **ou** 김치 + 고기 *Kimchi* et viande
ou 김치만 *Kimchi* seul + jambon

Q. 잔치국수는 Comment aimes-tu ton *janchi-guksu* ?
기본이 최고! 간단하게 먹는다 Nature, le plus simple possible !
ou 고명을 잔뜩 올려 풍성하게 먹는다 Complètement personnalisé, avec plein de garnitures !

Q. 부대찌개에는 Le *budae-jjigae* devrait contenir…
햄 많이 Des tonnes de viande en conserve !
ou 소시지 많이 Beaucoup, beaucoup de saucisses !

② Jour de pluie 비가 올 때

Q. 파전을 먹을 때 Comment préfères-tu ton *pajeon* ?
얇고 바삭하게 Fin et croustillant **ou** 두껍고 담백하게 Épais et léger

Q. 파전에 어울리는 술은? Avec quelle boisson alcoolisée accompagner le *pajeon* ?
막걸리 *Du makgeolli*

Q. 수제비를 먹을 때 Quel est ton *sujebi* préféré ?
걸쭉한 국물이 좋다 Dans un bouillon épais
ou 깔끔한 국물이 좋다 Dans un bouillon clair

Q. 닭볶음탕 속 닭고기 취향은? Comment aimes-tu le poulet du *dak-bokkeumtang* ?
뼈 있는 닭고기 Sur l'os **ou** 순살 닭고기 Désossé

③ Pour les petits creux 간식이 당길 때

Q. 누룽지를 먹을 때 Comment préfères-tu manger le *nurungji* ?
바삭하게 과자로 Croustillant, version *nurungji-gwaja*
ou 부드럽게 숭늉으로 Moelleux, version *sungnyung*

Q. 붕어빵을 먹을 때 Par quel bout entames-tu ton *bungeobbang* ?
머리부터 La tête **ou** 꼬리부터 La queue

Q. 둘 중 더 좋아하는 것은? Lequel est ton préféré ?
팥 붕어빵 Le *bungeobbang* aux haricots rouges
ou 슈크림 붕어빵 Le *bungeobbang* à la crème pâtissière

Q. 호떡을 먹을 때 Comment aimes-tu manger ton *hotteok* ?
뜨거울 때 빠르게 Sans attendre, tant qu'il est encore bien chaud
ou 식혀서 천천히 Après quelques minutes, quand il a un peu refroidi

Q. 호떡을 먹을 때 Comment préfères-tu ton *hotteok* ?
호떡만 Nature **ou** 토핑과 함께 Avec une garniture

④ Un petit encas avant d'aller dormir ? 야식이 생각날 때

Q. 좋아하는 치킨은? Quel est ton poulet frit préféré ?
프라이드치킨 Nature **ou** 양념 치킨 Assaisonné

Q. 가장 좋아하는 치킨 부위는? Quels morceaux de poulet préfères-tu ?
다리 Le pilon

Q. 둘 중 더 좋아하는 것은? Quel est ton *tteokbokki* préféré ?
밀떡 떡볶이 Celui aux gâteaux de blé
ou 쌀떡 떡볶이 Celui aux gâteaux de riz

Q. 떡볶이와 잘 어울리는 분식은? Avec quoi aimes-tu accompagner le *tteokbokki* ?
튀김 Des encas frits **ou** 어묵 Des gâteaux de poisson
ou 순대 Un *sundae* (boudin de vermicelles de riz)

Q. 라면을 끓일 때 분말수프는 À quel moment ajoutes-tu la soupe en poudre aux *ramyeon* ?
물이 끓으면 넣는다 Dès que l'eau bout
ou 물이 끓기 전에 넣는다 Avant l'ébullition de l'eau

Q. 라면을 끓일 때 계란을 Comment aimes-tu ton œuf avec les *ramyeon* ?
푼다 Avec le jaune mélangé au bouillon
ou 풀지 않는다 Poché dans le bouillon

⑤ Pour un bon coup de fouet 힘을 내고 싶을 때

Q. 수육을 먹을 때 Comment préfères-tu ton *suyuk* ?
지방이 많은 부분으로 고소하게 Avec du porc persillé, au goût bien riche
ou 지방이 적은 부분으로 담백하게 Avec de la viande maigre, au goût plus délicat

Q. 복날에 Lors d'un jour de *bok*…
삼계탕을 챙겨 먹는다 Je mange un *samgyetang*, c'est sûr !
ou 삼계탕을 챙겨 먹지는 않는다 S'il y a autre chose, ça me va !

Q. 갈비를 먹을 때 Comment aimes-tu tes *galbi* ?
갈비찜으로 Braisés **ou** 갈비구이로 Grillés

Q. 나는 요리할 때 Quel cuisinier es-tu ?
계량이 생명! Je mesure tout avec précision !
ou 요리는 Feel! Je cuisine au feeling !

Q. 집에서 한식을 만들어 먹고 싶은 아미에게 추천해 주고 싶은 요리는? Quels plats conseillerais-tu aux ARMY qui veulent cuisiner coréen ?
불고기 *Un bulgogi*

Le choix de BTS

이름 Nom J-HOPE

① Besoin d'un petit remontant ? 간단하게 기분 낼 때

Q. 김치볶음밥 최애 토핑은? Avec quoi aimes-tu accompagner le *kimchi-bokkeumbap* ?
달걀 프라이 Œuf au plat **ou** 치즈 Fromage

Q. 김치볶음밥에 달걀 프라이를 얹을 때 Quelle cuisson pour l'œuf au plat sur le *kimchi-bokkeumbap* ?
반숙 Coulant **ou** 완숙 Bien cuit

Q. 김치볶음밥 최고의 조합은 Ton *kimchi-bokkeumbap* préféré ?
김치 + 참치 *Kimchi* et thon en conserve **ou** 김치 + 고기 *Kimchi* et viande
ou 김치만 *Kimchi* seul + jambon

Q. 잔치국수는 Comment aimes-tu ton *janchi-guksu* ?
기본이 최고! 간단하게 먹는다 Nature, le plus simple possible !
ou 고명을 잔뜩 올려 풍성하게 먹는다 Complètement personnalisé, avec plein de garnitures !

Q. 부대찌개에는 Le *budae-jjigae* devrait contenir…
햄 많이 Des tonnes de viande en conserve !
ou 소시지 많이 Beaucoup, beaucoup de saucisses !

② Jour de pluie 비가 올 때

Q. 파전을 먹을 때 Comment préfères-tu ton *pajeon* ?
얇고 바삭하게 Fin et croustillant **ou** 두껍고 담백하게 Épais et léger

Q. 파전에 어울리는 술은? Avec quelle boisson alcoolisée accompagner le *pajeon* ?
술은... 잘... Je ne bois pas beaucoup d'alcool...

Q. 수제비를 먹을 때 Quel est ton *sujebi* préféré ?
걸쭉한 국물이 좋다 Dans un bouillon épais
ou 깔끔한 국물이 좋다 Dans un bouillon clair

Q. 닭볶음탕 속 닭고기 취향은? Comment aimes-tu le poulet du *dak-bokkeumtang* ?
뼈 있는 닭고기 Sur l'os **ou** 순살 닭고기 Désossé

③ Pour les petits creux 간식이 당길 때

Q. 누룽지를 먹을 때 Comment préfères-tu manger le *nurungji* ?
바삭하게 과자로 Croustillant, version *nurungji-gwaja*
ou 부드럽게 숭늉으로 Moelleux, version *sungnyung*

Q. 붕어빵을 먹을 때 Par quel bout entames-tu ton *bungeobbang* ?
머리부터 La tête **ou** 꼬리부터 La queue

Q. 둘 중 더 좋아하는 것은? Lequel est ton préféré ?
팥 붕어빵 Le *bungeobbang* aux haricots rouges
ou 슈크림 붕어빵 Le *bungeobbang* à la crème pâtissière

Q. 호떡을 먹을 때 Comment aimes-tu manger ton *hotteok* ?
뜨거울 때 빠르게 Sans attendre, tant qu'il est encore bien chaud
ou 식혀서 천천히 Après quelques minutes, quand il a un peu refroidi

Q. 호떡을 먹을 때 Comment préfères-tu ton *hotteok* ?
호떡만 Nature **ou** 토핑과 함께 Avec une garniture

④ Un petit encas avant d'aller dormir ? 야식이 생각날 때

Q. 좋아하는 치킨은? Quel est ton poulet frit préféré ?
프라이드치킨 Nature **ou** 양념 치킨 Assaisonné

Q. 가장 좋아하는 치킨 부위는? Quels morceaux de poulet préfères-tu ?
부드러운 가슴살 Le blanc

Q. 둘 중 더 좋아하는 것은? Quel est ton *tteokbokki* préféré ?
밀떡 떡볶이 Celui aux gâteaux de blé
ou 쌀떡 떡볶이 Celui aux gâteaux de riz

Q. 떡볶이와 잘 어울리는 분식은? Avec quoi aimes-tu accompagner le *tteokbokki* ?
튀김 Des encas frits **ou** 어묵 Des gâteaux de poisson
ou 순대 Un *sundae* (boudin de vermicelles de riz)

Q. 라면을 끓일 때 분말수프는 À quel moment ajoutes-tu la soupe en poudre aux *ramyeon* ?
물이 끓으면 넣는다 Dès que l'eau bout
ou 물이 끓기 전에 넣는다 Avant l'ébullition de l'eau

Q. 라면을 끓일 때 계란을 Comment aimes-tu ton œuf avec les *ramyeon* ?
푼다 Avec le jaune mélangé au bouillon
ou 풀지 않는다 Poché dans le bouillon

⑤ Pour un bon coup de fouet 힘을 내고 싶을 때

Q. 수육을 먹을 때 Comment préfères-tu ton *suyuk* ?
지방이 많은 부분으로 고소하게 Avec du porc persillé, au goût bien riche
ou 지방이 적은 부분으로 담백하게 Avec de la viande maigre, au goût plus délicat

Q. 복날에 Lors d'un jour de *bok*…
삼계탕을 챙겨 먹는다 Je mange un *samgyetang*, c'est sûr !
ou 삼계탕을 챙겨 먹지는 않는다 S'il y a autre chose, ça me va !

Q. 갈비를 먹을 때 Comment aimes-tu tes *galbi* ?
갈비찜으로 Braisés **ou** 갈비구이로 Grillés

Q. 나는 요리할 때 Quel cuisinier es-tu ?
계량이 생명! Je mesure tout avec précision !
ou 요리는 Feel! Je cuisine au feeling !

Q. 집에서 한식을 만들어 먹고 싶은 아미에게 추천해 주고 싶은 요리는? Quels plats conseillerais-tu aux ARMY qui veulent cuisiner coréen ?
미역국!! Une soupe aux algues !

Le choix de BTS

이름 Nom JIMIN

① Besoin d'un petit remontant ? 간단하게 기분 낼 때

Q. 김치볶음밥 최애 토핑은? Avec quoi aimes-tu accompagner le *kimchi-bokkeumbap* ?
달걀 프라이 Œuf au plat **ou** 치즈 Fromage

Q. 김치볶음밥에 달걀 프라이를 얹을 때 Quelle cuisson pour l'œuf au plat sur le *kimchi-bokkeumbap* ?
반숙 Coulant **ou** 완숙 Bien cuit

Q. 김치볶음밥 최고의 조합은 Ton *kimchi-bokkeumbap* préféré ?
김치 + 참치 *Kimchi* et thon en conserve **ou** 김치 + 고기 *Kimchi* et viande
ou 김치만 *Kimchi* seul + jambon

Q. 잔치국수는 Comment aimes-tu ton *janchi-guksu* ?
기본이 최고! 간단하게 먹는다 Nature, le plus simple possible !
ou 고명을 잔뜩 올려 풍성하게 먹는다 Complètement personnalisé, avec plein de garnitures !

Q. 부대찌개에는 Le *budae-jjigae* devrait contenir…
햄 많이 Des tonnes de viande en conserve !
ou 소시지 많이 Beaucoup, beaucoup de saucisses !

② Jour de pluie 비가 올 때

Q. 파전을 먹을 때 Comment préfères-tu ton *pajeon* ?
얇고 바삭하게 Fin et croustillant **ou** 두껍고 담백하게 Épais et léger

Q. 파전에 어울리는 술은? Avec quelle boisson alcoolisée accompagner le *pajeon* ?
소주 Du *soju*

Q. 수제비를 먹을 때 Quel est ton *sujebi* préféré ?
걸쭉한 국물이 좋다 Dans un bouillon épais
ou 깔끔한 국물이 좋다 Dans un bouillon clair

Q. 닭볶음탕 속 닭고기 취향은? Comment aimes-tu le poulet du *dak-bokkeumtang* ?
뼈 있는 닭고기 Sur l'os **ou** 순살 닭고기 Désossé

③ Pour les petits creux 간식이 당길 때

Q. 누룽지를 먹을 때 Comment préfères-tu manger le *nurungji* ?
바삭하게 과자로 Croustillant, version *nurungji-gwaja*
ou 부드럽게 숭늉으로 Moelleux, version *sungnyung*

Q. 붕어빵을 먹을 때 Par quel bout entames-tu ton *bungeobbang* ?
머리부터 La tête **ou** 꼬리부터 La queue

Q. 둘 중 더 좋아하는 것은? Lequel est ton préféré ?
팥 붕어빵 Le *bungeobbang* aux haricots rouges
ou 슈크림 붕어빵 Le *bungeobbang* à la crème pâtissière

Q. 호떡을 먹을 때 Comment aimes-tu manger ton *hotteok* ?
뜨거울 때 빠르게 Sans attendre, tant qu'il est encore bien chaud
ou 식혀서 천천히 Après quelques minutes, quand il a un peu refroidi

Q. 호떡을 먹을 때 Comment préfères-tu ton *hotteok* ?
호떡만 Nature **ou** 토핑과 함께 Avec une garniture

④ Un petit encas avant d'aller dormir ? 야식이 생각날 때

Q. 좋아하는 치킨은? Quel est ton poulet frit préféré ?
프라이드치킨 Nature **ou** 양념 치킨 Assaisonné

Q. 가장 좋아하는 치킨 부위는? Quels morceaux de poulet préfères-tu ?
다리 Le pilon

Q. 둘 중 더 좋아하는 것은? Quel est ton *tteokbokki* préféré ?
밀떡 떡볶이 Celui aux gâteaux de blé
ou 쌀떡 떡볶이 Celui aux gâteaux de riz

Q. 떡볶이와 잘 어울리는 분식은? Avec quoi aimes-tu accompagner le *tteokbokki* ?
튀김 Des encas frits **ou** 어묵 Des gâteaux de poisson
ou 순대 Un *sundae* (boudin de vermicelles de riz)

Q. 라면을 끓일 때 분말수프는 À quel moment ajoutes-tu la soupe en poudre aux *ramyeon* ?
물이 끓으면 넣는다 Dès que l'eau bout
ou 물이 끓기 전에 넣는다 Avant l'ébullition de l'eau

Q. 라면을 끓일 때 계란을 Comment aimes-tu ton œuf avec les *ramyeon* ?
푼다 Avec le jaune mélangé au bouillon
ou 풀지 않는다 Poché dans le bouillon

⑤ Pour un bon coup de fouet 힘을 내고 싶을 때

Q. 수육을 먹을 때 Comment préfères-tu ton *suyuk* ?
지방이 많은 부분으로 고소하게 Avec du porc persillé, au goût bien riche
ou 지방이 적은 부분으로 담백하게 Avec de la viande maigre, au goût plus délicat

Q. 복날에 Lors d'un jour de *bok*…
삼계탕을 챙겨 먹는다 Je mange un *samgyetang*, c'est sûr !
ou 삼계탕을 챙겨 먹지는 않는다 S'il y a autre chose, ça me va !

Q. 갈비를 먹을 때 Comment aimes-tu tes *galbi* ?
갈비찜으로 Braisés **ou** 갈비구이로 Grillés

Q. 나는 요리할 때 Quel cuisinier es-tu ?
계량이 생명! Je mesure tout avec précision !
ou 요리는 Feel! Je cuisine au feeling !

Q. 집에서 한식을 만들어 먹고 싶은 아미에게 추천해 주고 싶은 요리는? Quels plats conseillerais-tu aux ARMY qui veulent cuisiner coréen ?
라면 Des *ramyeon*

Le choix de BTS

이름 Nom

① **Besoin d'un petit remontant ? 간단하게 기분 낼 때**

Q. 김치볶음밥 최애 토핑은? Avec quoi aimes-tu accompagner le *kimchi-bokkeumbap* ?
달걀 프라이 Œuf au plat **ou** 치즈 Fromage

Q. 김치볶음밥에 달걀 프라이를 얹을 때 Quelle cuisson pour l'œuf au plat sur le *kimchi-bokkeumbap* ?
반숙 Coulant **ou** 완숙 Bien cuit

Q. 김치볶음밥 최고의 조합은 Ton *kimchi-bokkeumbap* préféré ?
김치 + 참치 *Kimchi* et thon en conserve **ou** 김치 + 고기 *Kimchi* et viande
ou 김치만 *Kimchi* seul + jambon

Q. 잔치국수는 Comment aimes-tu ton *janchi-guksu* ?
기본이 최고! 간단하게 먹는다 Nature, le plus simple possible !
ou 고명을 잔뜩 올려 풍성하게 먹는다 Complètement personnalisé, avec plein de garnitures !

Q. 부대찌개에는 Le *budae-jjigae* devrait contenir…
햄 많이 Des tonnes de viande en conserve !
ou 소시지 많이 Beaucoup, beaucoup de saucisses !

② **Jour de pluie 비가 올 때**

Q. 파전을 먹을 때 Comment préfères-tu ton *pajeon* ?
얇고 바삭하게 Fin et croustillant **ou** 두껍고 담백하게 Épais et léger

Q. 파전에 어울리는 술은? Avec quelle boisson alcoolisée accompagner le *pajeon* ?
막걸리라고 하는데, 막걸리 못 마심 Du *makgeolli* en théorie, mais je le supporte mal

Q. 수제비를 먹을 때 Quel est ton *sujebi* préféré ?
걸쭉한 국물이 좋다 Dans un bouillon épais
ou 깔끔한 국물이 좋다 Dans un bouillon clair

Q. 닭볶음탕 속 닭고기 취향은? Comment aimes-tu le poulet du *dak-bokkeumtang* ?
뼈 있는 닭고기 Sur l'os **ou** 순살 닭고기 Désossé

③ **Pour les petits creux 간식이 당길 때**

Q. 누룽지를 먹을 때 Comment préfères-tu manger le *nurungji* ?
바삭하게 과자로 Croustillant, version *nurungji-gwaja*
ou 부드럽게 숭늉으로 Moelleux, version *sungnyung*

Q. 붕어빵을 먹을 때 Par quel bout entames-tu ton *bungeobbang* ?
머리부터 La tête **ou** 꼬리부터 La queue

Q. 둘 중 더 좋아하는 것은? Lequel est ton préféré ?
팥 붕어빵 Le *bungeobbang* aux haricots rouges
ou 슈크림 붕어빵 Le *bungeobbang* à la crème pâtissière

Q. 호떡을 먹을 때 Comment aimes-tu manger ton *hotteok* ?
뜨거울 때 빠르게 Sans attendre, tant qu'il est encore bien chaud
ou 식혀서 천천히 Après quelques minutes, quand il a un peu refroidi

Q. 호떡을 먹을 때 Comment préfères-tu ton *hotteok* ?
호떡만 Nature **ou** 토핑과 함께 Avec une garniture

④ **Un petit encas avant d'aller dormir ? 야식이 생각날 때**

Q. 좋아하는 치킨은? Quel est ton poulet frit préféré ?
프라이드치킨 Nature **ou** 양념 치킨 Assaisonné
간장치킨 Enrobé de glaçage à la sauce soja

Q. 가장 좋아하는 치킨 부위는? Quels morceaux de poulet préfères-tu ?
다리 Le pilon

Q. 둘 중 더 좋아하는 것은? Quel est ton *tteokbokki* préféré ?
밀떡볶이 Celui aux gâteaux de blé
ou 쌀떡볶이 Celui aux gâteaux de riz

Q. 떡볶이와 잘 어울리는 분식은? Avec quoi aimes-tu accompagner le *tteokbokki* ?
튀김 Des encas frits **ou** 어묵 Des gâteaux de poisson
ou 순대 Un *sundae* (boudin de vermicelles de riz)

Q. 라면을 끓일 때 분말수프는 À quel moment ajoutes-tu la soupe en poudre aux *ramyeon* ?
물이 끓으면 넣는다 Dès que l'eau bout
ou 물이 끓기 전에 넣는다 Avant l'ébullition de l'eau

Q. 라면을 끓일 때 계란을 Comment aimes-tu ton œuf avec les *ramyeon* ?
푼다 Avec le jaune mélangé au bouillon
ou 풀지 않는다 Poché dans le bouillon

⑤ **Pour un bon coup de fouet 힘을 내고 싶을 때**

Q. 수육을 먹을 때 Comment préfères-tu ton *suyuk* ?
지방이 많은 부분으로 고소하게 Avec du porc persillé, au goût bien riche
ou 지방이 적은 부분으로 담백하게 Avec de la viande maigre, au goût plus délicat

Q. 복날에 Lors d'un jour de *bok*…
삼계탕을 챙겨 먹는다 Je mange un *samgyetang*, c'est sûr !
ou 삼계탕을 챙겨 먹지는 않는다 S'il y a autre chose, ça me va !

Q. 갈비를 먹을 때 Comment aimes-tu tes *galbi* ?
갈비찜으로 Braisés **ou** 갈비구이로 Grillés

Q. 나는 요리할 때 Quel cuisinier es-tu ?
계량이 생명! Je mesure tout avec précision !
ou 요리는 Feel! Je cuisine au feeling !

Q. 집에서 한식을 만들어 먹고 싶은 아미에게 추천해 주고 싶은 요리는? Quels plats conseillerais-tu aux ARMY qui veulent cuisiner coréen ?
라면 Des *ramyeon*

Le choix de BTS

이름 Nom JK

① Besoin d'un petit remontant ? 간단하게 기분 낼 때

Q. 김치볶음밥 최애 토핑은? Avec quoi aimes-tu accompagner le *kimchi-bokkeumbap* ?
달걀 프라이 Œuf au plat **ou** 치즈 Fromage

Q. 김치볶음밥에 달걀 프라이를 얹을 때 Quelle cuisson pour l'œuf au plat sur le *kimchi-bokkeumbap* ?
반숙 Coulant **ou** 완숙 Bien cuit

Q. 김치볶음밥 최고의 조합은 Ton *kimchi-bokkeumbap* préféré ?
김치 + 참치 *Kimchi* et thon en conserve **ou** 김치 + 고기 *Kimchi* et viande
ou 김치만 *Kimchi* seul + jambon

Q. 잔치국수는 Comment aimes-tu ton *janchi-guksu* ?
기본이 최고! 간단하게 먹는다 Nature, le plus simple possible !
ou 고명을 잔뜩 올려 풍성하게 먹는다 Complètement personnalisé, avec plein de garnitures !

Q. 부대찌개에는 Le *budae-jjigae* devrait contenir…
햄 많이 Des tonnes de viande en conserve !
ou 소시지 많이 Beaucoup, beaucoup de saucisses !

② Jour de pluie 비가 올 때

Q. 파전을 먹을 때 Comment préfères-tu ton *pajeon* ?
얇고 바삭하게 Fin et croustillant **ou** 두껍고 담백하게 Épais et léger

Q. 파전에 어울리는 술은? Avec quelle boisson alcoolisée accompagner le *pajeon* ?
막걸리 Du *makgeolli*

Q. 수제비를 먹을 때 Quel est ton *sujebi* préféré ?
걸쭉한 국물이 좋다 Dans un bouillon épais
ou 깔끔한 국물이 좋다 Dans un bouillon clair

Q. 닭볶음탕 속 닭고기 취향은? Comment aimes-tu le poulet du *dak-bokkeumtang* ?
뼈 있는 닭고기 Sur l'os **ou** 순살 닭고기 Désossé

③ Pour les petits creux 간식이 당길 때

Q. 누룽지를 먹을 때 Comment préfères-tu manger le *nurungji* ?
바삭하게 과자로 Croustillant, version *nurungji-gwaja*
ou 부드럽게 숭늉으로 Moelleux, version *sungnyung*

Q. 붕어빵을 먹을 때 Par quel bout entames-tu ton *bungeobbang* ?
머리부터 La tête **ou** 꼬리부터 La queue

Q. 둘 중 더 좋아하는 것은? Lequel est ton préféré ?
팥 붕어빵 Le *bungeobbang* aux haricots rouges
ou 슈크림 붕어빵 Le *bungeobbang* à la crème pâtissière

Q. 호떡을 먹을 때 Comment aimes-tu manger ton *hotteok* ?
뜨거울 때 빠르게 Sans attendre, tant qu'il est encore bien chaud
ou 식혀서 천천히 Après quelques minutes, quand il a un peu refroidi

Q. 호떡을 먹을 때 Comment préfères-tu ton *hotteok* ?
호떡만 Nature **ou** 토핑과 함께 Avec une garniture

④ Un petit encas avant d'aller dormir ? 야식이 생각날 때

Q. 좋아하는 치킨은? Quel est ton poulet frit préféré ?
프라이드치킨 Nature **ou** 양념 치킨 Assaisonné

Q. 가장 좋아하는 치킨 부위는? Quels morceaux de poulet préfères-tu ?
다리, 날개 Le pilon et l'aile

Q. 둘 중 더 좋아하는 것은? Quel est ton *tteokbokki* préféré ?
밀떡 떡볶이 Celui aux gâteaux de blé
ou 쌀떡 떡볶이 Celui aux gâteaux de riz

Q. 떡볶이와 잘 어울리는 분식은? Avec quoi aimes-tu accompagner le *tteokbokki* ?
튀김 Des encas frits **ou** 어묵 Des gâteaux de poisson
ou 순대 Un *sundae* (boudin de vermicelles de riz)

Q. 라면을 끓일 때 분말수프는 À quel moment ajoutes-tu la soupe en poudre aux *ramyeon* ?
물이 끓으면 넣는다 Dès que l'eau bout
ou 물이 끓기 전에 넣는다 Avant l'ébullition de l'eau

Q. 라면을 끓일 때 계란을 Comment aimes-tu ton œuf avec les *ramyeon* ?
푼다 Avec le jaune mélangé au bouillon
ou 풀지 않는다 Poché dans le bouillon

⑤ Pour un bon coup de fouet 힘을 내고 싶을 때

Q. 수육을 먹을 때 Comment préfères-tu ton *suyuk* ?
지방이 많은 부분으로 고소하게 Avec du porc persillé, au goût bien riche
ou 지방이 적은 부분으로 담백하게 Avec de la viande maigre, au goût plus délicat

Q. 복날에 Lors d'un jour de *bok*…
삼계탕을 챙겨 먹는다 Je mange un *samgyetang*, c'est sûr !
ou 삼계탕을 챙겨 먹지는 않는다 S'il y a autre chose, ça me va !

Q. 갈비를 먹을 때 Comment aimes-tu tes *galbi* ?
갈비찜으로 Braisés **ou** 갈비구이로 Grillés

Q. 나는 요리할 때 Quel cuisinier es-tu ?
계량이 생명! Je mesure tout avec précision !
ou 요리는 Feel! Je cuisine au feeling !

Q. 집에서 한식을 만들어 먹고 싶은 아미에게 추천해 주고 싶은 요리는? Quels plats conseillerais-tu aux ARMY qui veulent cuisiner coréen ?
돼지 김치찌개 Un *kimchi-jjigae* au porc (ragoût de *kimchi* au porc)

Le choix des ARMY

이름 Nom

____

① Besoin d'un petit remontant ? 간단하게 기분 낼 때

Q. 김치볶음밥 최애 토핑은? Avec quoi aimes-tu accompagner le *kimchi-bokkeumbap* ?
달걀 프라이 Œuf au plat **ou** 치즈 Fromage

Q. 김치볶음밥에 달걀 프라이를 얹을 때 Quelle cuisson pour l'œuf au plat sur le *kimchi-bokkeumbap* ?
반숙 Coulant **ou** 완숙 Bien cuit

Q. 김치볶음밥 최고의 조합은 Ton *kimchi-bokkeumbap* préféré ?
김치 + 참치 *Kimchi* et thon en conserve **ou** 김치 + 고기 *Kimchi* et viande **ou** 김치만 *Kimchi* seul + jambon

Q. 잔치국수는 Comment aimes-tu ton *janchi-guksu* ?
기본이 최고! 간단하게 먹는다 Nature, le plus simple possible !
ou 고명을 잔뜩 올려 풍성하게 먹는다 Complètement personnalisé, avec plein de garnitures !

Q. 부대찌개에는 Le *budae-jjigae* devrait contenir…
햄 많이 Des tonnes de viande en conserve !
ou 소시지 많이 Beaucoup, beaucoup de saucisses !

② Jour de pluie 비가 올 때

Q. 파전을 먹을 때 Comment préfères-tu ton *pajeon* ?
얇고 바삭하게 Fin et croustillant **ou** 두껍고 담백하게 Épais et léger

Q. 파전에 어울리는 술은? Avec quelle boisson alcoolisée accompagner le *pajeon* ? (주관식 Réponse)

____

Q. 수제비를 먹을 때 Quel est ton *sujebi* préféré ?
걸쭉한 국물이 좋다 Dans un bouillon épais
ou 깔끔한 국물이 좋다 Dans un bouillon clair

Q. 닭볶음탕 속 닭고기 취향은? Comment aimes-tu le poulet du *dak-bokkeumtang* ?
뼈 있는 닭고기 Sur l'os **ou** 순살 닭고기 Désossé

③ Pour les petits creux 간식이 당길 때

Q. 누룽지를 먹을 때 Comment préfères-tu manger le *nurungji* ?
바삭하게 과자로 Croustillant, version *nurungji-gwaja*
ou 부드럽게 숭늉으로 Moelleux, version *sungnyung*

Q. 붕어빵을 먹을 때 Par quel bout entames-tu ton *bungeobbang* ?
머리부터 La tête **ou** 꼬리부터 La queue

Q. 둘 중 더 좋아하는 것은? Lequel est ton préféré ?
팥 붕어빵 Le *bungeobbang* aux haricots rouges
ou 슈크림 붕어빵 Le *bungeobbang* à la crème pâtissière

Q. 호떡을 먹을 때 Comment aimes-tu manger ton *hotteok* ?
뜨거울 때 빠르게 Sans attendre, tant qu'il est encore bien chaud
ou 식혀서 천천히 Après quelques minutes, quand il a un peu refroidi

Q. 호떡을 먹을 때 Comment préfères-tu ton *hotteok* ?
호떡만 Nature **ou** 토핑과 함께 Avec une garniture

④ Un petit encas avant d'aller dormir ? 야식이 생각날 때

Q. 좋아하는 치킨은? Quel est ton poulet frit préféré ?
프라이드치킨 Nature **ou** 양념 치킨 Assaisonné

Q. 가장 좋아하는 치킨 부위는? Quels morceaux de poulet préfères-tu ?
(주관식 Réponse)

____

Q. 둘 중 더 좋아하는 것은? Quel est ton *tteokbokki* préféré ?
밀떡 떡볶이 Celui aux gâteaux de blé
ou 쌀떡 떡볶이 Celui aux gâteaux de riz

Q. 떡볶이와 잘 어울리는 분식은? Avec quoi aimes-tu accompagner le *tteokbokki* ?
튀김 Des encas frits **ou** 어묵 Des gâteaux de poisson
ou 순대 Un *sundae* (boudin de vermicelles de riz)

Q. 라면을 끓일 때 분말수프는 À quel moment ajoutes-tu la soupe en poudre aux *ramyeon* ?
물이 끓으면 넣는다 Dès que l'eau bout
ou 물이 끓기 전에 넣는다 Avant l'ébullition de l'eau

Q. 라면을 끓일 때 계란을 Comment aimes-tu ton œuf avec les *ramyeon* ?
푼다 Avec le jaune mélangé au bouillon
ou 풀지 않는다 Poché dans le bouillon

⑤ Pour un bon coup de fouet 힘을 내고 싶을 때

Q. 수육을 먹을 때 Comment préfères-tu ton *suyuk* ?
지방이 많은 부분으로 고소하게 Avec du porc persillé, au goût bien riche
ou 지방이 적은 부분으로 담백하게 Avec de la viande maigre, au goût plus délicat

Q. 복날에 Lors d'un jour de *bok*…
삼계탕을 챙겨 먹는다 Je mange un *samgyetang*, c'est sûr !
ou 삼계탕을 챙겨 먹지는 않는다 S'il y a autre chose, ça me va !

Q. 갈비를 먹을 때 Comment aimes-tu tes *galbi* ?
갈비찜으로 Braisés **ou** 갈비구이로 Grillés

Q. 나는 요리할 때 Quel cuisinier es-tu ?
계량이 생명! Je mesure tout avec précision !
ou 요리는 Feel! Je cuisine au feeling !

Q. 집에서 한식을 만들어 먹고 싶은 아미에게 추천해 주고 싶은 요리는?
Quels plats conseillerais-tu aux ARMY qui veulent cuisiner coréen ?

____